Der innere Stausee

Von: Mike Zeidler

Bibliografische Information der Deutschen Nationalbibliothek

Die Deutsche Nationalbibliothek verzeichnet diese Publikation in der Deutschen Nationalbibliografie; detaillierte bibliografische Daten sind im Internet über: http://dnd.d-nb.de abrufbar.

© 2010 Mike Zeidler
Herstellung und Verlag: Books on Demand GmbH, Norderstedt
Umschlaggestaltung: Kay Enderlein
Lektorat: Kay Enderlein
Grafiken auf Seite 3 und 157: Origin of Life

ISBN 978-3-8423656-0-5

Das liegt Dir am Herzen

Kurz vor der Fertigstellung dieses Buches begegneten mir diese Symbole, welche Du auf der ersten und letzten Seite dieses Buches finden wirst. Hinter diesen Symbolen stehen zwei Freunde, mit denen ich gemeinsam zu der Erkenntnis kam, dass man die bewussten Begegnungen mit dem Schmerzkörper, die manchmal sehr weh tun, durch diese Zeichen harmonisieren kann.

Doch Du weißt, nur durch Wahrheit erfolgt Wahrhaftigkeit, und nur dadurch kann der Schmerzkörper in seiner reinen Form erkannt werden. Ich betrachtete also diese Symbole und empfand sofort eine sehr harmonische Schwingung. Anschließend kam mir die Idee, Menschen, die dieses Buch lesen, an der positiven Empfindung dieser Schwingungen teilhaben zu lassen. Ich empfand beim nochmaligen Lesen des Buches, dass der Lesestoff leichter verständlich und zu verarbeiten gewesen ist. Dies bestätigten mir auch Freunde und andere Menschen, welche mein Buch bereits gelesen haben.

Um nun den Prozess zu harmonisieren, habe ich mich entschlossen, diese beiden Symbole zu verwenden. Wann immer Du das Gefühl hast, kannst Du Dir diese Zeichen auf das Herz legen oder sie Dir mit geschlossenen Augen visualisieren. Es kann auch sein, dass Du die harmonisierende Zusammenwirkung des Lesestoffes und der Symbole bereits während des Lesens fühlst. Probiere es einfach aus und lasse es auf Dich wirken!

Ich meine, dass das Ursprungssymbol auf Seite 3 eher aktive Menschen ansprechen könnte und dass für das Spiralsymbol auf der letzten Seite vielleicht passive Menschen empfänglicher sind.

Ich wünsche Dir viel Freude!

Mehr Informationen zu diesen Zeichen auf Seite 160.

Vorwort

Jeder von uns hat seine ganz eigene persönliche Geschichte. Manche Wege zeigen sich uns sehr klar und manche Wege betrachten wir mit Unklarheit. Sehen wir denn eigentlich noch das, was dahinter steckt? Fühlen wir denn noch das, was unser Leben uns sagt?

Wenn wir sie viel intensiver fühlen könnten, diese Begegnungen auf unserem Weg, würden wir erkennen, wie eng die Schicksale miteinander verknüpft sind. Dazu müssen viele aber erst mal wieder sehen lernen. Es ist mein Ziel, Dich von Schleiern zu befreien, um die Dinge wieder so, wie sie Dir in Natürlichkeit und Reinheit begegnen, betrachten zu können. Es ist keine Beschreibung meines Lebensweges, und doch hat mich nur mein Leben diese Dinge sehen und fühlen gelehrt. Ein Leben, welches voll war und voll ist von Reichtum. Ein ganz besonderer Glanz, welchen auch Du in Dir trägst. Du wirst vielleicht genauso wie ich sagen, dass es meist so ein ganz besonderes, spezielles Empfinden ist mit so einem Buch, welches aus der inneren Quelle der Erfahrung und der Veränderung geschrieben wurde.

Es sind ganz besondere Erfahrungen auf einem Weg in ein anderes, höheres Bewusstsein. Ob Du es als neues Bewusstsein, als geändertes Bewusstsein oder als höheres Bewusstsein empfindest, darfst Du selber entscheiden, so wie Du alles im Leben für Dich selber entscheiden darfst. Es gibt keine Festlegungen und Gesetze. Du darfst frei fühlen und Deine eigenen Worte und Empfindungen setzen. Ziel ist, dass Du geprägt wirst von einem reineren und wahrhaftigeren Denken. Dieses Buch ist für alle, die diesem Thema gerade jetzt in diesem Moment sehr nah sind. Vor allem aber ist dieses Buch für die Menschen, die es verlernt haben, im Jetzt zu leben und die Wirklichkeit nicht mehr erkennen können. Es soll Dir zeigen, wie all unsere Wege und Begegnungen mit unserem eigenen Schicksal vernetzt und verkettet sind. Ich nenne keine Rezepte oder Anleitungen. Vielmehr darfst Du Dich durch das Erleben des Lesens selbst wieder in Erstaunen versetzen, wie einfach vieles klingt und wie schwer Du es Dir oft machst, es zu erkennen. Du kannst mit jeder Zeile dieses Buches vielleicht tiefer in Dich selbst schauen und Dich besser verstehen lernen. Erst wirst Du vielleicht Besucher sein, und dann, Seite für Seite weiter lesend, wirst Du Dich vielleicht immer öfter selbst wiederfinden können. Es gibt ja grundsätzlich keine Erklärungen, warum etwas so ist, wie es ist, jedoch ist gewiss, alles findet in Dir statt. Nur, da Dein göttlicher Körper bisher vielleicht nie aufgehört hat, zwischen Licht und Schatten zu unterscheiden, sind Polaritäten entstanden. Jetzt Darfst Du bewusster erkennen, was es mit Dir macht und wie sehr diese und andere Polaritäten Dich manchmal fesseln. Du hast Dir möglicherweise bisher in Deinem Leben mehr Fragen gestellt als Du Antworten gefunden hast. Auf der Suche nach Antworten gehst Du oft sehr weite, umständliche Wege, ohne auch nur im Geringsten zu erahnen, dass Du die Antworten bereits tief in Dir trägst. Jedoch lassen nur die intensiven Momente des Beobachtens und des Erlebens in Dir zu, diese Antworten zu erkennen. Du wirst beim Lesen bestimmt einige Antworten bekommen, viel wichtiger ist aber, dass Du Dich selbst wiederfindest. Ich glaube, erst dann kannst Du Antworten finden, die bisher für Dich unsichtbar gewesen sind. Du wirst in diesem Buch keinen Anfang und kein Ende in dem Sinne finden, wie Du es kennst. Dieses Buch beginnt dort, wo es aufhört und endet dort, wo es anfängt. Vielleicht kannst Du selber fühlen, wie ich das meine, wenn Du es erlebst.

Auch wirst Du vergeblich nach Kapiteln und Untertiteln suchen, welche Dich besonders neugierig machen und die Du gezielt aufschlagen kannst. Du kannst jede Seite aufschlagen und wirst, wann immer Du es fühlen kannst oder zulässt, Dich selbst wiederfinden können. Wann dies geschieht, wirst Du fühlen, wenn es soweit ist. Dieses Buch wird Dir in der Spirale des Lebens ein treuer Begleiter sein. Du wirst sehen, dass das Ende des Buches wiederum dem Anfang immer näher kommt, und dann wirst Du die ersten Seiten vielleicht schon beim nächsten Lesen mit einem ganz anderen Bewusstsein betrachten. Du darfst auch gerne längere Lesepausen machen, denn es ist wie mit dem Essen, je genüsslicher und langsamer Du es zu Dir nimmst, desto intensiver wirst Du es empfinden und fühlen. In diesen Pausen kannst Du das bereits Gelesene genauer auf Dich wirken lassen und betrachten. Nimm Dir

Zeit für dieses Buch, und Du wirst vielleicht lernen, Dir wieder mehr Zeit für Dich selbst zu nehmen. Vielleicht wiederhole ich mich auch in Deiner Sichtweise ein wenig zu oft, aber gerade in dieser Kombination des um diese Kernworte und Kernsätze herum Geschriebenen, was sich ja von Seite zu Seite ändert, erfühlst Du den Zugang zu Dir selbst vielleicht auf einer ganz anderen Seite, wie andere Leser. Vielleicht geschieht dies auch erst beim nochmaligen Lesen, oder vielleicht ist es nur ein Denkanstoß oder etwas ganz anderes, was Du fühlen darfst. Es wird in Dir etwas auslösen, wenn Du es aufmerksam genug betrachtest. Ich wünsche Dir viel Freude auf diesem Weg!

Der innere Stausee

Bist Du bereit, jetzt einmal all Dein Fühlen und Erkennen in die Vorstellung heben zu können, Dein Leben wäre aufgebaut wie ein Plattenspieler? Stell Dir vor, dass der Plattenteller der wundervolle Planet Erde ist. Die wundervolle Erde, welche sich ständig dreht, genauso wie der Plattenteller. Die Platte, die sich auf dem Plattenteller dreht, das bist Du. Du schwingst mit dem Plattenteller in einer harmonischen Beziehung. Der Tonarm, welcher den Rhythmus auf der Platte in Schwingung versetzt, ist Dein Leben. Wenn Du Dir nun vorstellst, dass die Platte hunderte von Rillen hat, wo alle Aufnahmen abgespeichert sind, dann denke dabei, dass Du das wärst. Auch Du hast alle Deine Begegnungen und Erlebnisse in Dir gespeichert und einige davon in Deinen inneren Stausee abgelegt. Wenn der Tonarm, welcher Dein Leben widerspiegeln soll, nun die Rillen in Schwingung versetzt, dann werden lebendige Muster erzeugt, welche das abgespeicherte wiedergeben. Manchmal aber bleibt der Tonarm an einigen Rillen hängen und spult ständig denselben Ton ab. Das sind die Momente, in denen sich zwar der Plattenteller und die Platte weiter drehen, aber es wird immer wieder der gleiche Ton erzeugt. So wie Dein Leben auch immer wieder an einigen Stellen hängen bleibt und Dich zum stottern bringt. Dieser gleiche Ton, welcher dort ständig wieder erzeugt wird, bringt die Schwingung aus dem Fluss. Der nächste Schritt, welcher Deinem Leben bereits innewohnt, kann nicht gegangen werden, weil Du Dich genauso wie der Tonarm immer wieder an einer bestimmten Stelle festfährst. Beim Plattenspieler nimmst Du dann einfach den Tonarm und setzt ihn über die defekte Stelle und es geht weiter. Wie aber kannst Du das in Deinem Leben bewältigen? Wenn Du fühlst, an einer Rille hängen zu bleiben, ist das schon der erste alles entscheidende Schritt. Du hast es schon mal erkannt. Nun versuchst Du, Dir den Schaden in der Tiefe zu betrachten und nimmst diese Begegnung als etwas an, was zu Deinem Weg gehört. Du kannst nicht einfach so über diese Stelle springen und an einer anderen Stelle weitermachen, ohne das vorherige zu betrachten und einzuordnen. Gut, Du kannst es tun, aber das führt zu neuen Schäden. Wenn Du das tust, dann machst Du nichts weiter, als die Dinge, welche sich für Dich unangenehm anfühlen, in Deinen inneren Stausee zu transportieren. Du kannst dem Tonarm, genauso wie Deinem Leben, einen kleinen zärtlichen Stups versetzen, ohne dass die Platte oder Dein Leben einen Kratzer abbekommt. Du suchst also nach Methoden, die defekten Rillen wieder in die Gesamtschwingung einzufügen. Damit wirst Du Dich von Zwängen und ständigen Wiederholungen befreien, weil genau diese der Auslöser für Deine defekten Rillen sind.

Du bist gewiss imstande, Deine ganz eigenen neuen Aufnahmen auf der Schallplatte zu kreieren und lernst somit, Teile Deiner gesamten Lebensumstände wieder in Schwingung zu versetzen. Wenn Du die alten Töne ständig erneut wahrnimmst, weil der Tonarm immer wieder hängen bleibt, bleibst auch Du hängen. Schaffe Dir neue Töne und Möglichkeiten, die alten Töne zu ersetzen. Gerade die neuen Töne sind es, welche Dich zu neuen Ufern führen werden. Erkenne wieder Deine Stärken in Dir, auch wenn Deine vom Verstand gesteuerten Schwächen dagegen rudern. Diese Schwächen sind keine wirklichen Schwächen. Es sind ebenfalls Stärken. Leider hat Dein eigenes, oder das gemeinschaftliche Ego, bereits längst Deinen Verstand infiziert und hält Deinen gesunden Verstand sehr gut in Schach. Das Ego lässt Dich oft glauben, dass alles so sein muss, wie es ist, aber das auch nur, weil es sich von Deinen Zweifeln und Ängsten, die daraus entstehen, ernährt.

Wenn Du Dir klar machst, dass die Nadel des Tonarms, also Dein Herz, Schaden nimmt, wenn sie immer wieder hängen bleibt, dann überlässt Du Dein Schicksal nicht weiter Deinen vom Ego infizierten Denkprozessen und nimmst Dich und Dein Leben wieder in Natürlichkeit wahr.

Es wird Dir dann leichter fallen, die Dinge anzunehmen, welche geschehen, auch wenn das ein Weg sein wird, wie alles im Leben. Ein Weg voller Begegnungen und Fragen und das zu jeder Zeit, in der Du sein darfst.

Vielleicht hast Du Dich schon oft gefragt, warum Dir so selten Dinge begegnen, nach denen Du oft verzweifelt suchst, oder die Du seit langem erhoffst zu bekommen. Das liegt daran, weil Dir im Leben immer das begegnet, was Du ausstrahlst. Nicht nur Deine Begegnungen sind an das gebunden, was Du ausstrahlst. Dein gesamtes Leben wird im inneren und im äußeren an diese Tatsache gebunden sein.

Nun stell Dir vor, all das, was Dir bisher im Leben einmal begegnet ist, würde auf einmal vor Dir erscheinen! Was wäre das für ein gewaltiger Berg, welcher Dir erst einmal die gesamte Sicht nach allen Seiten versperren würde. Ein riesiger Berg von für Dich noch unvorstellbar Unsichtbarem. Du kannst das, was sich im Innern befindet, noch nicht sehen. Du siehst aber bereits, dass an den Seiten, an den Gipfeln und am Fuße des Geschehens Geschichten hängen, welche Dein ganz persönliches Leben widerspiegeln. Stell Dir nun noch vor, was das alles sein könnte! Dir würde in diesem Moment nur ein Teil von dem einfallen, was Dir auf Deinem gesamten Lebensweg bisher widerfahren und begegnet ist, und nun begegnet Dir das alles auf einmal in all seiner Fülle. Von Geburt an wären alle Erlebnisse und Begegnungen dort angehäuft. Wie sieht es aus? Wärst Du bereit, den Berg zu erklimmen, um das zu sehen, was Dir bisher verborgen blieb?

Würdest Du gerne einmal vordringen zu den Dingen, die Dich tatsächlich ausmachen? Es ist eine Reise in die Wirklichkeit. Eine Reise in die Wahrhaftigkeit. Eine Reise, für die Du dann aus zwei Gründen kein Rückfahrticket benötigen wirst. Erstens gibt es in unserem gesamten Dasein keine Rückwege: Alles bewegt sich vorwärts im Fluss des Lebens. Vielleicht kannst Du Dir das im Moment bereits vorstellen oder es nachvollziehen, vielleicht noch nicht. Das macht gar nichts. Das Zweite, was ich meine, wirst Du fühlen, wenn Du klar bist und nur noch Sein wirst. Wenn Dir dieser Zustand widerfährt, dann wirst Du die zweite Antwort erhalten. Erinnere Dich beim Lesen der letzten Seiten des Buches an die Frage auf dieser Seite. Vielleicht darfst Du dann schon ein wenig fühlen, was ich meine und findest die Antwort bereits selbst für Dich heraus. Die Vorstellung mit dem Berg wird Dir die Dimensionen zeigen, welche hinter Deiner persönlichen Lebenssituation stehen. Oftmals sind ja diese Situationen sehr ungeordnet in Deinem ganz persönlichen Speicher abgelegt, so dass eine Defragmentierung jetzt endlich mehr als sinnvoll erscheint. Du darfst vielen Dingen noch einmal begegnen und sie Dir anschauen. Du darfst sortieren und ordnen, was im Laufe der Zeit vielleicht zu einem Chaos angewachsen ist. So wird sich dann Dein ganz persönlicher Berg für Dich viel verständlicher anfühlen. Du kannst die Plätze kennen lernen, an denen Du Dinge des Geschehens abgelegt hast, und Du kannst sie dann dort immer wieder treffen, so oft Du willst. Es wird sich friedlicher anfühlen für Dich, auch wenn Du diesen Frieden vielleicht im Moment noch nicht in Dir fühlen kannst. Vielleicht fühlst Du auch etwas wie Frieden und kannst gewisse Dinge nur noch nicht zuordnen, welche immer wieder an Dein Fenster klopfen. Im Leben im Jetzt und im Moment gibt es diese gespaltene Situation nicht, weil nur der Moment zählt, und dieser wird Dich immer wieder fesseln und Dein Sein ausmachen.

Vielleicht ist es ja auch so, dass Du keinen Frieden fühlen kannst. Wenn Du keinen Frieden in Dir fühlen kannst, dann verschaffe Dir innere Transparenz. Transparent zu sein bedeutet für Dich, durchlässig genug zu sein, damit nichts mehr an Dir haften bleibt. Alles kann durch Dich hindurch ziehen und wird sich nicht mehr festsetzen. Wenn Du das berücksichtigst, wirst Du keine Polaritäten mehr erschaffen oder in ihren Extremen leben. Es gibt kein Arm und Reich, kein Gut und Böse. Du darfst Frieden fühlen und Deinem Leben im Jetzt Stück für Stück mehr Präsenz schenken. Das setzt natürlich voraus, dass Du Dir Deinen Zustand stets bewusst machst. Ignoriere ihn nicht, denn er gehört sehr fest zu Deinem Weg, sonst wärst Du jetzt nicht hier.
Mir begegnete dieser bewusste Zustand einmal auf ganz eigentümliche Art und Weise. Ich hatte einen Traum, in dem mich eine Journalistin eines Fernsehsenders fragte, was mir in meinem Leben das Wichtigste ist. Darauf antwortete ich in meinem Traum, es ist mein Bewusstsein. Darauf sagte die Journalistin ganz ungläubig, ist es nicht Ihre Familie oder Ihr eigenes Leben, was Ihnen am wichtigsten ist? Ich sagte nein, denn was nützt mir das alles ohne Bewusstsein. Erst durch diesen Zustand darf ich ja solche Dinge wahrnehmen. Wenn ich kein Bewusstsein besitze, entgehen mir diese Dinge in ihrer Reinheit, oder aber ich kann sie gar nicht erst fühlen. Erst durch mein Bewusstsein darf ich sehen, was mir oft verborgen blieb. Mein Bewusstsein ist meine

Tankstelle, meine Energiequelle. Ein Zustand, der mich all das fühlen lässt, was ich so früher nicht zu sehen imstande gewesen bin. Auch bei Dir wird es so sein und Du wirst es Zug um Zug fühlen dürfen. Die Dinge wieder mit absoluter Präsenz zu füllen und den Moment zu fühlen, wird Dir wahres Sein zurückgeben. Du erhellst Deine Schatten und gibst ihnen keine Macht mehr, sich in Dir auszubreiten. Alles, was Du scheinbar nicht mehr in Dir greifen kannst, ist das, was Dich ausmacht. Es ist das, was Du benötigst, um wieder Du selbst zu sein. Bewusstheit gibt Dir Dein wahres Sein zurück. Trenne Dein Bewusstsein von Fassaden, Hüllen und Körpern! Dein Bewusstsein kann in jeder Form Gestalt annehmen. Du darfst in dieser Dimension denken, denn hier ist alles frei und möglich. Alles, was Du als unmöglich betrachtest, setzt meist Dein Verstand in Dir frei. An jeder Stelle Deiner selbst kann sich Dir Dein Bewusstsein zeigen. Du nimmst dieses Bewusstsein überall hin mit, egal, wo Du Dich im Moment Deines Lebens befindest. Das Bewusstsein hat nichts mit Deiner Hülle zu tun. Diese ist aus Fleisch und dient Deiner Komplexheit. Es ist keine Erscheinungsform, die Du anfassen kannst, und es ist dennoch ein wunderbares Geschenk. Auf diesen Zustand kannst Du besser schauen, wenn Du Dir bewusster bist. Dann wird Dir klar werden, wie einzigartig sich das anfühlt. Richte Deine ganze Aufmerksamkeit einmal auf Dich selbst, und Du wirst diese Einzigartigkeit fühlen können, die Dir gegeben wurde, DEIN LEBEN. Du kannst durch Deinen Körper atmen, Du kannst gehen, Du kannst sehen, riechen, hören, Du kannst lernen, Du kannst fühlen, Du kannst verstehen. Diese Geschenke bilden Deine Ganzheit und sie benötigen Deine Bewusstheit. Eine Bewusstheit, die vielleicht in Dir nicht spürbar ist. Was sind diese ganzen Dinge ohne Deine Bewusstheit? Sie sind da und haben dennoch, obwohl sie die wichtigsten Dinge sind, die Dich tragen, nicht Deine stetige, mit Dankbarkeit gefühlte Zuwendung. Was fühlst Du ohne diese Präsenz zu Dir selbst? Ist Dein Körper vielleicht nur noch eine leere Hülle, und Du lebst wie ein Roboter, völlig neben der Spur? Ist es nicht absurd, dass Du das, was Dich ausmacht, gar nicht mehr wahrnimmst? Ist es nicht so, dass es in leider vielen Fällen den Menschen gar nicht mehr gelingt, ihren Körper, also ihr ganz persönliches Lebensgeschenk zu betrachten? Da werden in unzähligen sinnlosen Fällen diese Geschenke durch Schönheitsoperationen ständig verändert, um der Gesellschaft und sich selbst besser zu gefallen. Diese Manipulation ist ein künstlicher Eingriff und wird benötigt, weil das Leben der meisten dieser Menschen bereits von Künstlichkeit besessen ist. Du hörst das, was andere Dir sagen, Du siehst, wie andere sind, Du richtest Deine gesamte Aufmerksamkeit auf die in der Künstlichkeit erzeugten Dinge und nimmst Dich selber dadurch fast überhaupt nicht mehr wahr. Viele Menschen probieren immer wieder sogenannte neue Wundermittel an sich aus in der Hoffnung, dass dann alles stimmig wird. Dabei steckt das größte Wundermittel, das es auf Erden gibt, in Dir selbst, Dein höheres Selbst. Wenn Du vielleicht auf diesem unnötigen Weg bist, den ich vorher beschrieb, dann frage Dich doch einmal, warum es Dich gibt. Es gibt Dich jedenfalls nicht, um Deine Natürlichkeit zu verändern, weil Du Dich an äußerer Künstlichkeit fesselst. Das ist absolut nicht der wahrhaftige Weg. Es ist ein Weg voller Berge an Künstlichkeit. Dieses Beispiel für Künstlichkeit steht vertretend für die Berge voller Künstlichkeiten, die es gibt. Wenn Du nun einmal für einen Moment ehrlich zu Dir selber bist, kannst Du vielleicht jetzt bereits einen tiefen Schmerz fühlen, weil Dir vielleicht jetzt schon bewusst wird, welchen Raubbau Du teilweise an Deinem Körper betreibst. Dieser ständige Schmerz als Dein Begleiter ist ja dann immer der weitere Auslöser für Deinen Weg. Es ist immer ein langer Weg, welcher meist wiederum Ursache für völlig andere Befindlichkeitsstörungen ist. Dieser Weg ohne bewusstes Fühlen, in dem Du die Veränderungen nicht wahrnehmen kannst, ist meist ein Weg in Leid und Pein. Wenn sich etwas nicht gut anfühlt, dann kann es doch auch nicht gut für Dich sein, oder was meinst Du? Wenn Du Dir wieder bewusster wirst, weil Du spürst, dass genau dieser Weg Dir gut tut, dann beobachtest Du Deine Veränderungen auch viel intensiver. Natürlich finden diese Veränderungen vielleicht nicht in für Dich fühlbar großen Schritten statt, aber Du wirst dann wieder sehen, dass jeder Moment, den Du lebst, bereits Veränderung in sich trägt. Wenn Du auf diesem Weg Schmerz fühlst und Du denkst, es gibt keinen Weg für Dich da raus, dann gibt es immer einen Weg da durch! Denke an die Transparenz!

14

Schaffe Dir Durchlässigkeit für Deinen Schmerz. Dann kannst Du ihn Dir betrach-ten, ohne ihn zu ignorieren. Eigentlich möchte ich besser sagen, Du darfst den Schmerz dann betrachten. Ja, schaue ihn Dir endlich einmal genauer an! Betrachte das, was er Dir sagen möchte! Versuche, ihn nur zu fühlen, den Schmerz! Fühlen ja, aber nicht über ihn nachdenken, denn dann erfindest Du Dir eigene Geschichten, mit denen Du versuchst, den Schmerz zu erklären. Gib ihm all Deine Aufmerksamkeit und nicht dem Geschehen ringsherum, was Du eventuell für Teile der Ursache hältst. Wenn Du zulässt, dass Dein Verstand den Schmerz benutzt, dann stellst Du Dich unweigerlich als Opfer dar. Dich als Opfer zu sehen und dann den anderen Deine Geschichte mit Deinem Verstand zu erzählen, wird Dich nur noch weiter in eine Art inneres Gefängnis führen. Du kannst vor Dir selbst und Deinem tiefen Gefühl nicht ständig wegrennen. Richte immer genügend Aufmerksamkeit auf das, was Du fühlst, aber gib dem Schmerz keinen Namen! Fühle ruhig die Angst, die Einsamkeit oder andere Dinge, die Dich begleiten, aber bleibe immer wachsam genug, sie zu erkennen! Schicke sie nicht weg, denn sie gehören zu Dir wie Deine Luft zum atmen. Vielleicht fragst Du Dich jetzt, wozu brauche ich diesen Schmerz? Was Du fühlst, ist eine Begegnung. Jedes Mal aufs Neue, immer wieder, eine Begegnung. Betrachte es als Begegnung und erkenne die wahre Ursache, die dahinter steckt! Dazu brauchst Du nur Dir selbst zu vertrauen, niemandem sonst. Bewerte Deine Erkenntnisse nicht oder urteile darüber! Schaue sie Dir an und fühle sie, denn das allein ist schon Erkenntnis. Falls Du es dennoch bewerten oder beurteilen würdest, frage Dich einfach, was nützt Dir diese Bewertung oder dieses Urteilen! Damit begibst Du Dich nur wieder weiter weg von Deinem Bewusstsein. Du würdest dann wieder anfangen, eine Geschichte zu erfinden, und damit wächst der Berg der Künstlichkeit wieder, anstatt zu schmelzen. Du versuchst dann wieder, den richtigen Weg zu finden und bist nur am suchen. Doch warum möchtest Du etwas finden, was Du nie verloren hast? Du bist Dein Weg, Dein Weg bist Du!

Hast Du einmal beobachtet, was Du alles ständig aufs Neue aktivierst, obwohl Du es immer wieder als unangenehm empfindest, nie aber den

Drang verspürst, Dinge am Einschlafen zu hindern, welche Du mal als angenehm empfinden durftest! Das heißt, Du legst Deine gesamte Aufmerksamkeit auf das, was sich für Dich vielleicht unangenehm anfühlt und bezeichnest es dann im Ergebnis als Schmerz. Du selbst hast diesem Zustand erlaubt, diesen Namen zu tragen, und Du kannst ihn ihm auch wieder nehmen! Was hindert Dich daran? Nur die Tatsache, dass dieses Wort mit viel Leid verbunden ist? Auf einer Ebene Schmerz zu fühlen, wenn Du Dein Fleisch verletzt, ist eine ganz normale Empfindung. Nur verletzt Du ja mit dem, was ich meine, nicht nur Dein Fleisch, sondern auch Deine Seele. Das ist dann der so genannte Seelenschmerz. Wieso gibt es ihn? Wie fühlst Du es, wenn Du Deine Seele verletzt? Die Antworten kannst nur Du in Dir selbst finden, denn Du bist einzigartig. Jede Verletzung auf körperlicher Ebene zeigt Dir in der Tiefe auch den Seelenschmerz, welcher dahinter steckt. Wenn Du Dich zum Beispiel am kleinen Finger verletzt, triffst Du automatisch auf die Herzlinie. Wenn Du Dir den Kopf stößt, könntest Du auch sagen, ich war wie vor den Kopf gestoßen. Wenn Du Dich an der Hand verletzt, könntest Du sagen, ich kann es gar nicht fassen! Wenn Du Dich am Fuß verletzt, könntest Du sagen, dumm gelaufen! Natürlich hört sich das alles auch im ersten Moment irgendwie lustig an, und auch ich konnte mir ein Lachen nicht verkneifen, als ich diese Zusammen-hänge assoziierte. Betrachte Deine Verletzungen immer in Verbindung mit Deinem Seelenzustand, denn beides ist untrennbar miteinander verbunden. Das ist ebenfalls eine gute Übung, um bewusster zu werden. Alles, was Du an Dir erlebst, bist Du. Wenn Du es, anstatt es Dir nur aufmerksam zu betrachten, entzweist, um Teile davon zu werten, dann schaffst Du Gegenpole. Es gibt diese Gegenpole aber nicht wirklich tief in Dir. Bleibe in der Wirklichkeit, im Jetzt, denn das bist Du und dort darfst Du sein. Du kannst vielleicht in Dir fühlen, wie Deine Emp-findungen auf die eine oder andere Art und Weise ins Gewicht fallen. Du möchtest es dann vielleicht wieder bewerten oder beurteilen.

Dann stell Dir doch mal folgendes vor! Der Zugang zu Deinem Körper ist eine Art Öffnung. Also völlig frei, um alles aufzunehmen, was auf Dich einströmt. Diese Öffnungen könnten sich wie Trichter anfühlen oder wie verschiedene Löcher, welche den Zugang zu Dir ermöglichen.

Vielleicht möchtest Du auch mal die Augen schließen, um Dir das vorzustellen, dann tue es einfach! Über diese Zugänge lässt Du die äußeren Eindrücke in Dich strömen. Nimm erst mal einfach nur kleine Dinge wahr. Ein Geräusch zum Beispiel! Nun fangen diese Eindrücke an, in Deine Bahnen zu wandern und in Dein Bewusstsein. Solange Du Dir selbst nicht bewusst genug bist, wirst Du viele dieser Eindrücke weiterhin versuchen zu bewerten oder zu beurteilen. Stimme mir zu oder nicht! Du würdest es tun, denn wenn nicht, dann bräuchtest Du dieses Buch vielleicht gar nicht mehr. Du wärst dann vermutlich schon eins mit Deinem höheren Selbst. Das können aber leider nicht viele Menschen. Dein Verstand schafft es immerhin, sich Dinge vorzustellen, deren Existenz alles andere als rein und wahrhaftig ist. Dein Verstand kann Dich nur solange an das Unbewusste fesseln, solange Du noch nicht erwacht bist. Wenn Du erst erwacht bist, dann bist Du wieder in Deiner Mitte und wirst vom Bewusstsein geleitet. Sicher wird dieses Bewusstsein auch Entscheidungen treffen müssen, aber diese Entscheidungen werden dann nicht mehr vom Ego regiert sein. Siehst Du, so schnell kann sich das Blatt wenden. Wenn Du nun solche Tore, Trichter oder Öffnungen in Dir erschaffst, tust Du das nicht mit Deinem Verstand. Wenn Du diesen dafür bräuchtest, könntest Du die Wahrhaftigkeit nie wirklich sehen. Du erschaffst Dir diese mit einem höheren Bewusstsein. Es wird sich also in Dir erst ein Prozess vollziehen und dann wirst Du es fühlen.

Es können also nun durch Deine veränderte Sichtweise wieder Tore und Öffnungen in Dir erwachsen, durch die Du dann altvertrautes neu betrachten kannst. Parallel dazu erschaffst Du Dir weiterhin neue Zugänge, reinigst weiter Deine alten Öffnungen und wirst Dich dadurch Stück für Stück leichter fühlen. Du solltest dazu wissen, dass alles in Dir Veränderungen unterworfen ist. Genau genommen ist jeder Moment Veränderung. Wenn Du nicht in diesen Momenten leben kannst, beraubst Du Dich ständig des Genusses der Vielfalt Deines Lebens. Alle Tore und Öffnungen hast Du selber erschaffen. Nur waren immer andere Zeitpunkte dafür gesetzt. Im Grunde genommen haben all diese Tore und Öffnungen etwas gemeinsam. Alles, was Du hinein lässt, wird Bestandteil von Dir sein. Du kannst es nicht mehr einfach löschen aus

Deiner Festplatte, nur weil es sich vielleicht nicht mehr so anfühlt, wie Du es zu einem anderen Zeitpunkt gefühlt hast. Es bleibt in Dir, und nur der Moment wird entscheiden, wie es sich für Dich anfühlt. Solange Du glaubst, dass das, was sich nicht gut für Dich anfühlt, auch nicht gut für Dich ist, solange wird es auch so sein. Erinnere Dich, es gibt kein Böse und kein Gut in diesem Sinne. Du prägst diese Begriffe selbst für Dich und entscheidest damit auch, wie es sich für Dich anfühlen wird.

Jedes Haus, das Du neu beziehst, jede Freude, die Du Dir von außen zugeführt hast, war mit einem Gefühl des Glücks in Dir verbunden. Dies sind aber alles Dinge, die Du mit einem höheren Bewusstsein anders betrachten wirst, weil Du Dich dann nicht mehr damit identifizierst. Dies ist Künstlichkeit, aber dazu komme ich später genauer. Wenn Du Dich neu erkennst, wirst Du erst erstaunter Besucher in Dir selbst sein und in einer Kombination aus beiden Welten leben. Je klarer Du wirst, desto mehr wirst Du diese Künstlichkeit erkennen und nicht mehr benötigen. Vielleicht bleibt auch einiges noch erhalten, weil Dein gesamtes Leben bisher so sehr geplant verlief, dass nun das Einfache für Dich nicht in allen Dingen so einfach umsetzbar scheint. Du kannst darüber soviel nachdenken, wie Du willst, dass ist DER WEG. Lenke einzig Deine Aufmerksamkeit auf die Wahrhaftigkeit und lass Dich nicht wieder verführen wegzugehen von dort, wo Du bereits Befreiung atmen konntest. Bleibe stets aufmerksam und interessiert! Was wollen Dir alle Deine Begegnungen sagen. Sie sagen Dir stets das, was Du hören willst. Du hast alles in Dir von dem, was Dich zufrieden und glücklich sein lässt. Ist es nicht verrückt, dass Du meilenweit von dem entfernt bist, was Dir das Nächste ist? Wenn Du Dich neu erschaffst, indem Du all das annimmst, was sich Dir offenbart, ohne es zu bewerten, dann befreist Du Dich von den Fesseln Deines Ego. Du weißt nicht, ob das, was Du gerade fühlen darfst, nicht vielleicht schon den Moment Deiner Befreiung beinhaltet, solange Du Dich von Deinem Ego verleiten lässt. Wenn Du Dich mehr den Momenten öffnest, und je länger Du in ihnen verweilst, desto mehr wirst Du innere Befreiung fühlen können. Es geht nicht darum, wann das alles geschieht, weil Dich jeder Moment mit Inhalt füllen kann, wenn Du ihn betrachtest. Nur die Bereitschaft, dieses Buch lesen zu wollen, zeigt Dir doch bereits, dass sich in Dir etwas verändert. Du fragst Dich vielleicht schon seit einer langen Zeit, wie Du den vielen längst mutierten Anforderungen noch standhalten kannst. Diese Frage kann Dir niemand beantworten, weil die Antwort nur in Dir zu finden ist. Wenn Du jetzt verkrampft versuchst, diese Antwort im Außen zu finden, dann wirst Du sie vergeblich suchen. Du wirst bei bewussterem Betrachten im Außen einzig den Grund finden, warum es so ist, und wenn Du das erkennst, dann die Antwort aus Deiner Mitte bekommen. Eine Antwort, der Du dann vertrauen darfst, weil sie nicht von Deinem Verstand infiziert ist.

Für Dich ist es nun von großer Bedeutung, den Frieden in Dir selbst wieder zu finden. Suche ihn nicht in anderen, suche ihn in Dir! Alles, was Du suchst, kannst Du sowieso nur bekommen, weil Du es selber bereits in Dir besitzt. Die Suche nach dem Ideal, nach dem, was man nicht hat, ist nur ein Mangel an Fähigkeit, wirklich zu sein. Diese Suche nach dem Ideal ist ein Wunschdenken, genau wie die Suche nach Perfektion. Das sind alles Bezeichnungen für unnatürliche Umstände, die Du mit etwas verbindest, was Du so nie erreichen wirst und auch gar nicht musst. Du bist bereits perfekt und ideal, nur kannst Du diese Form nicht fühlen, da es Dir um Perfektion in einer ganz anderen Welt geht. Der Wunsch, dies zu sein, findet nicht in der Welt statt, in der Du wirklich statt findest. Es ist der Wunsch, der in der Verstand-regierten Welt erscheint, und diese Welt will immer mehr von Dir.

Im jetzigen Moment zu leben heißt etwas anzunehmen, was eben gerade so ist, wie es ist. In solchen Dimensionen fühlen zu dürfen, heißt sich befreien von Verstand-regierten Mustern. Du lebst den Moment. Was hast Du bisher nicht für Gedanken aufgebracht, um Dir ein Leben im Ideal mit Deinem Verstand zu basteln. Du bist gewiss nicht weitergekommen. Das Eigentliche ist doch, dass sich mit solchen Verstand-regierten Denkmustern Dinge oder Abläufe in Deinem Leben ständig wiederholen. Du bist dem Gewohnheitszwang verfallen. Nur ist es so, dass Du Erfolge und Dinge, die Du als solche betrachtest, nicht nur in Verbindung mit gewohnten Denkstrukturen erleben darfst, sondern dies als Reichtum und Vielfalt für Dich erfahren wirst, wenn Du Dich intensiver auf Dich einlässt. Es ist dabei wichtig, dass Du Dir bewusst wirst, dass nichts einem Zwang unterworfen ist, sondern vielmehr das Ergebnis des Zulassens und des Erlebens dessen ist, was Du imstande bist, bewusster zu fühlen. Jede Geschichte dieser Welt, jedes Sprichwort, ja sogar jeder Baum kann mir eine Erleuchtung sein, wenn ich mich in der Wahrhaftigkeit auf diese Begegnungen einlasse. Diese Erleuchtung wird aber immer in Dir stattfinden. Alles, was Du tun kannst, um wieder mehr Nähe zu Dir zu finden, ist eine Art Befreiung von alten Mustern und Strukturen. Alles, was Du in Dir findest, sagt Dir, was Du benötigst, um weiser zu werden. Vielleicht klingt das alles für Dich noch etwas weit weg und etwas unverständlich. Das ist überhaupt kein Grund zur Sorge, denn nichts von dem, was Du fühlst oder was Dir begegnet, wird Dich ärmer machen. Im Gegenteil, es macht Dich reicher. Alles erwächst im richtigen Tempo.

Du kennst diese Geschichten von Menschen, die nach dem Lesen eines Buches erwachen, oder eine andere Begegnung hatten, welche ihnen sehr bewusst erschienen ist. In diesem Augenblick erwachen diese Menschen und werden dann einen Bewusstseinswandel in erhöhter Konzentration erleben. Dies alles ist der Beginn von etwas ganz Neuem. Der Zeitpunkt war genau in diesem Moment gegeben für diese Menschen. Niemand von den Menschen, die so etwas erlebten, haben verkrampft darauf gewartet. Vielleicht haben sie in ihrer Verzweiflung ihren tiefen Glauben wieder gefunden. Es sind natürlich einzelne Beispiele für Dinge, die sich exakt so nicht wiederholen, aber es gibt sie, diese Spontanheilungen. Diese werden sogar registriert, und nur wirkliche Spontanheilungen dürfen sich auch so nennen. Das sind Dinge, wenn zum Beispiel ein Gelähmter wieder gehen kann.

Manche Menschen, die davon hören und denen selbst ein Schicksal innewohnt, erhoffen auch solche Wunder. Es ist aber erwiesen, dass all diesen Menschen, die so etwas erlebten, ein tiefer Glauben innewohnte. Wenn Du auf etwas wartest, ohne jedoch daran zu glauben, dann wartest Du vielleicht vergeblich auf Wunder. Je mehr Ego hinter Deinen Wünschen steht, desto mehr gibst Du Dich dem Zwang hin, sie auch unbedingt erleben zu wollen. Es kann sogar so weit gehen, dass Menschen in solchen Zuständen gewissen Dingen so sehr entgegen fiebern, dass, wenn es dann nicht so eintritt wie erhofft, und das ist meistens so, tiefe Enttäuschung, Verzweiflung und Unmut entstehen. Manchmal können solche Zustände dann sogar in Gewalt enden.

Du kennst vielleicht, wenn auch nicht durch eigenes Erleben, die Vorgänge rund um ein Fußballspiel. Dieser Volkssport zieht in einigen Ländern jedes Mal wieder zehntausende Menschen in die Stadien. Oft sind die Zuschauer in zwei Lager gespalten. Sie unterscheidet die Sympathie zur jeweiligen Mannschaft. Das stellt aber an sich noch kein Problem dar. Problematisch wird es erst, wenn der Wunsch vieler so genannter Fans nach einem Sieg ihrer Mannschaft überschattet wird von dem Geschehen auf dem Spielfeld. Diverse Ausschreitungen, verbunden mit Alkohol, geben diesem Volkssport eine Schattenseite. Diese Fans fiebern dem ersten Tor oder einem Sieg ihrer Mannschaft so sehr entgegen, dass dann bei einer Niederlage oder gar einem Unentschieden ein Motiv für sie da ist, die Enttäuschung in Gewalt zu entladen. Dieser Prozess wiederholt sich fast wöchentlich. Diese Menschen leben so sehr in der Erwartung, ihren Wunsch nach einem Sieg ihres Teams erfüllt zu bekommen, dass in diesem Moment ihre gesamten Emotionen, welche ausschließlich vom Ego regiert sind, hinter diesem Bedürfnis stehen. Bei einem Sieg ist es Glückstaumel und Zufriedenheit und bei einer Niederlage potenziert sich der Schmerz des Vergangenen mit dem gegenwärtigen Schmerz, und die Gewaltbereitschaft wird weiter erhöht. Was man interessanterweise beobachten kann, ist, dass sich solche Menschen sehr intensiv mit dem Geschehen befassen. Sie richten Ihre gesamte Aufmerksamkeit auf das Geschehen und vergessen für diese Zeit all das andere Geschehen um sich herum. Natürlich sind diese Menschen alles andere als bei sich, denn mit jeder dieser Situationen, die sie neu erleben, fügen sie dem ohnehin schon gestressten Schmerz-körper immer weitere Schmerzpegel hinzu. Da stehen dann Freud und Leid dicht an dicht und wechseln die Seiten wie die Mannschaften zur Halbzeit. Die Freude hält nicht lange, weil die Erwartung an das neue Geschehen bereits im jetzigen Moment in die Denkstrukturen eingreift. Was ich mit all dem sagen möchte, ist, dass solche Menschen die ureigenen Fähigkeiten ständig mit dem Leben in dieser Künstlichkeit torpedieren. Es sind nur Schatten und unklare Umrisse, welche als klar empfunden werden, weil man ja den wahrhaftigen Zustand so nur sehr schwer erkennen kann. Allen diesen Umständen liegen Begegnungen der gesamten Entwicklung jedes Einzelnen, seit seiner Geburt, zu Grunde. Seit der Kindheit sammelst auch Du Eindrücke und Erfahrungen, die alle Teil von Dir werden. Diese Eindrücke sind entscheidend für Deine Entwicklung, für Deinen ganz persönlichen Weg. Diese Eindrücke sind teilweise sehr intensiv gewesen und wurden als unangenehm empfunden, sodass sie, wenn Du sie nicht völlig bewusst neu betrachten kannst, oftmals weiterhin Störungen in Dir verursachen. Diese werden dann immer manifester, je länger der Zustand andauert. Du wirst dann erste Alarmzeichen, welche Dein Körper Dir sendet, gar nicht oder nur unzureichend in Verbindung mit diesen Eindrücken bringen. Es kann dann bereits Schmerz oder Verstimmung in Dir ausgelöst werden, ohne dass Du imstande bist, die Zusammenhänge zu verstehen oder zu erkennen. Selbst wenn Du diese Signale dann wahrnimmst, kannst Du nicht verhindern, dass Sie weiter in Dir Schäden verursachen, weil Du ja die Zusammenhänge noch nicht erkennst. Du hörst dann nicht genau in Dich, sondern vertraust vielleicht erneut darauf, dass Dir etwas von außen schon helfen wird. Du möchtest dann vielleicht diese Wunderpille, welche Dich wieder repariert, ohne Dich zu fragen, was eigentlich wirklich kaputt ist. Du suchst die Antwort vielleicht bei Menschen, die sie Dir auch nicht geben können, denn die Antwort trägst nur Du in Dir. Es kann nichts dauerhaft Verwertbares für Dich von außen an Dich herangetragen werden, wenn das Wahrhaftige in Dir dagegen steht. Dieses künstliche Äußere hat keine reine wahrhaftige Wirkung und verblasst in Deinem tiefen wahren Selbst. Was sich dann nicht gut anfühlt, ist einzig und allein die Tatsache, dass Du es noch nicht fühlen kannst. Wenn Du verlernt hast, aus Deiner Mitte zu agieren und damit Gefühle zuzulassen, welche Dir helfen zu erkennen, was wichtig und rein für Dich ist, dann wirst Du vergeblich nach Antworten suchen. Alles, was Du erlebst, bleibt in Dir. Nur Du selbst darfst es erkennen und fühlen. Dazu ist der erste Schritt das Erkennen, das Akzeptieren und vor allem aber die Ehrlichkeit sich selbst gegenüber. Dies alles wird automatisch geschehen, wenn Du Dich dem Gegebenen stellst, ohne Dich dagegen zu wehren. Meist schickst Du Dinge weg, die Dir etwas sagen wollen, weil Du diese Begegnung als unangenehm empfindest. Manchmal lösen solche Gefühle auch Angst aus. Schick diese Gefühle nicht weg! Schau Sie Dir an! Alles, was Dir zu jeder Zeit begegnet, wird Dir ganz gewiss etwas sagen. Das kann Schmerz sein, das kann aber ebenso gut Angst sein. Auch wenn es in Dir vielleicht gerade dann schmerzt und Du Dich fragst, wozu tiefer in den Schmerz gehen? Um das, was sich Dir zeigt, genauer betrachten zu können, musst Du nicht das Gefühl haben, tief in den Schmerz gehen zu müssen. Betrachte es doch mal so, dass Du nur Erkenntnisse gewinnen kannst, wenn Du akzeptierst und beobachtest. Ersetze doch dann mal das Wort „müssen" durch das Wort „dürfen"! Das klingt doch gleich viel entspannter und friedlicher. Das Wesentliche oder der Inhalt des bisher Geschriebenen ist doch vor allem auch die Aktivierung Deines Ursprungs. Auch wenn ich mich manchmal wiederhole, ist es doch wichtig, dass immer, wenn Abschnitte dieses Buches sehr nah an der Zentralität des Themas sind, dies damit nochmals tief verdeutlichen. Es soll keine Gehirnwäsche sein, weil ich Dir ja nichts zutragen muss, was Du nicht bereits tief in Dir selbst besitzt. Die Lösung liegt immer vor Deinen Füssen. Du kannst es nur noch nicht erkennen, weil Du vielleicht die Zusammenhänge noch nicht verstehst. Immer wenn Du bewusster mit etwas umgehst, was Dir begegnet, dann wirst Du viel mehr darin erkennen, als Du glaubst. Auch Träume gehören dazu. Jeder Traum hat eine Bedeutung und will Dir ebenfalls etwas mitteilen. Während ich dieses Buch schrieb, hatte ich auch intensive Träume, welche ich so noch gar nicht kannte oder imstande war, so bewusst zu betrachten.

Von einem dieser Träume würde ich Dir gerne erzählen. Im Traum erschienen mir Unmengen von Pferden. Sie waren weiß, schwarz und braun. Ich betrachtete mir diese wundervollen Geschöpfe so genau, wie ich es nie zuvor im Leben getan hatte. So fühlte ich es jedenfalls, weil es so intensiv gewesen ist. Jedes dieser Tiere hatte andere Augen, andere Wesensmerkmale, die ich zwar nicht alle sehen konnte, aber ich konnte es fühlen. Ich fühlte mich diesen Tieren so sehr nah und empfand tiefe Liebe zu diesen Geschöpfen. Sie hatten mir so viel zu erzählen. Ich liebe Tiere schon, solange ich denken kann, doch bei dieser Begegnung war es besonders tief und intensiv. Ich spürte, dass diese Geschöpfe etwas bewegte, was sie alles andere als frei sein ließ. Irgendetwas quälte diese Pferde. Das sah ich in ihren Augen, und das fühlte ich an ihrer Ausstrahlung. Beim Anblick mit dem Wissen, dass diese Tiere etwas quälte, entstand auch in mir ein sehr tiefes Schmerzempfinden. Ja, Du kannst in den Augen von Tieren sehen, wenn ihnen Schmerz oder Leid widerfährt. Jedenfalls brachen die Pferde aus Angst davor, erneut Leid erfahren zu müssen, weil sie ja nicht in Freiheit leben durften, sondern von ihren selbsternannten Besitzern immer wieder gegen ihren Willen benutzt wurden, eines Tages aus ihrer Gefangenschaft aus. In meinem Traum stand ich an dieser Stelle, wo ich die Pferde zuerst gesehen hatte, nun auf einmal ganz alleine. Ich war zutiefst berührt und wollte die Tiere unbedingt wieder sehen. Ich fühlte, dass sie mir noch so viel zu erzählen hatten und ich ihnen auch. In diesem Moment erschien der selbsternannte Besitzer, und mir war an Hand seines entschlossenen Auftretens schnell klar, dass er diese Tiere um jeden Preis zurück haben wollte. Er benötigte sie, um mit ihnen Geld zu verdienen. Ich fühlte die Beweggründe dieses Mannes, und mich überkam tiefes Unverständnis. Wie kann jemand einen derart schrägen Bezug zu Lebewesen haben. Ich hatte ganz andere Beweggründe, die Tiere zu finden. Ich wollte sie wiedersehen, um ihnen etwas von dem zurückzugeben, was ihnen durch diesen selbsternannten Besitzer genommen wurde. Er verstand meine Hilfe nicht im Sinne der Tiere. Im Gegenteil, er dachte, ich wollte nur ihm helfen. Jedenfalls gab mir dieser Mann ein verbliebenes Pferd, welches er eingesperrt hielt, damit ich schneller bei der Suche nach den Pferden bin. Ich kannte natürlich seine Motive, aber ich vertraute darauf, dass auch er eines Tages erwachen würde und wieder zu natürlichen Empfindungen zurückfindet. Das würde geschehen. Ich spürte es genau. Ich ritt also los und hatte überhaupt keinen Plan, wo ich mich gerade befand. Also vertraute ich meinem lieben Weg-gefährten, der mich leitete. Wir waren gemeinsam so stark, und ich fühlte den Teil seiner Kraft, welche er einbrachte. Ich bin nie im Leben zuvor jemals geritten, aber ich fühlte eine Leichtigkeit, mit der alles ablief. Es war, weil das Pferd und ich keine Angst voreinander verspürten. Das Pferd wusste, dass ich es nicht benutzte, um etwas zu erreichen, was mir einen persönlichen Vorteil verschaffen würde. Es spürte, dass ich helfen wollte. Wir hatten also unser Vertrauen und unsere Liebe in die Situation gelegt und zu unserer Kraftquelle multipliziert. Das war unser Geheimnis. Nicht mehr und nicht weniger. Während der gesamten Zeit konnte ich diese Kraftquelle spüren. Sie war da, sie war gegenwärtig und sie leitete uns. Irgendwann kamen wir an eine Dorfstraße, wo am Rand viele alte Autos standen. Etwas weiter standen alte Gemäuer und große Zelte. Wir machten instinktiv halt und lauschten aufmerksam in die Situation. In diesem Moment trat ein etwas älterer Mann an meine Seite. Ich bin nicht erschrocken, so, als ob ich das alles bereits erahnte. Er schaute mich an und gab mir eine Eisenschraube in die Hand. Ich schaute mir den Mann an, dann die Schraube und wunderte mich, dass ich gar keine Fragen zu dieser Situation hatte. Ich vertraute einfach dem Geschehen. Er sagte noch zu mir, geh zu diesem Auto dort hinten! Du wirst dann sehen, dass die Schraube in eine Öffnung passt, wo sie nicht hingehört. Ich ging dorthin und schaute mir die Situation geruhsam, aber sehr aufmerksam an. Ich hörte den Mann mir noch hinterher rufen… schau Dir die Situation genau an! Lasse Dich von Deiner Aufmerksamkeit und den Erkenntnissen daraus leiten! Ich hatte aber das Gefühl, dass ich das sowieso getan hätte, deswegen nahm ich diesen Zuruf nur noch als Umriss wahr. Nun betrachtete ich also das Auto und die Schraube in meiner Hand sehr genau und mit absoluter Präsenz. Plötzlich sah ich, dass der eine Reifen des Autos einen Platten hatte und dachte mir, vielleicht war die Schraube zuvor genau dort an dieser Stelle im Reifen drin und der Verursacher des Schadens. Ich dachte noch, das würde ja passen, weil die Schraube ja damit in einer Öffnung gesteckt hätte, wo sie nicht hingehört. Ich betrachtete den Reifen genau und entdeckte das Loch an der Seite. Ich nahm die Schraube und steckte sie mit Leichtigkeit in diese Öffnung. Meine absolute Präsenz für diesen Moment ließ mich nicht nur das Rätsel des alten Mannes lösen, sondern brachte mir eine für mein Vorhaben noch viel bemerkenswerteren Aufschluss. Ich entdeckte, dass die Schraube nicht nur der Verursacher des platten Reifens war, sondern dass sie mir noch etwas anderes zu sagen hatte. Doch wie konnte ich darin einen Zusammenhang mit dem Verschwinden der Pferde entdecken? Ich überlegte noch mal und dachte, dass die Schraube genau in die Richtung einiger Zelte zeigte, welche etwas weiter weg standen. Ich spürte, dass die Pferde dort vielleicht Schutz gesucht hatten. Ich ging voller Neugier und dennoch in tiefer Überzeugung, die Tiere dort zu finden, zu den Zelten. Ich öffnete eines der Zelte, und da standen die Pferde und hatten sich versteckt, weil sie ihrem Freiheitsdrang gefolgt waren. Intuitiv dachten sie wohl, dort sicherer zu sein als in freier Wildbahn. Das konnte ich verstehen, denn freie Wildbahnen in dem Sinne gab es ja für diese Tiere nicht mehr. Diese Tiere hatten Ängste entwickelt, welche sie vorher nie kannten. Sie fühlten nur, dass ihr Drang nach Freiheit sehr stark gewesen ist. Sie wollten das zurück, was sie ausmachte. Ihre Freiheit. Ich dachte mir nur, das ist die Antwort des Geschehens. Das ist die Deutung des Traumes. Es ging also um das Gefühl der Freiheit.

Dir sollte sich nicht entziehen, dass Freiheit einen Teil des Ursprungs Deines Seins ausmacht. Freiheit ist die grundlegende Voraussetzung für die Existenz, und es ist Voraussetzung für das Gedeihen.

Ich spürte noch in diesem Traum, wie die Pferde scheu blickten. Als ich dann mit meiner zugänglichen, völlig natürlichen Art auf die Pferde zuging, hatten sie ihre Angst für den Moment vergessen. Längst hatte wohl das Pferd, das mich zu ihnen trug, ihnen in ihrer Sprache erzählt, dass ich den Frieden mitbringe.

In der heutigen Zeit unterscheide ich zwischen Gefangenschaft und Schutz. Wenn ich Tiere in Gefangenschaft halte, um mich an ihnen zu bereichern, dann nehme ich ihnen das, was sie ausmacht, ihre Freiheit. Wenn ich mit Tieren mein Wissen teile, wie man sich in der heutigen Welt vor allen Gefahren schützen kann, die da draußen lauern, dann helfe ich ihnen und ihrer Art, die Zeit zu überstehen zu einem Übergang in eine neue Welt. Einer Welt voller Frieden und Hingabe. Einer Welt ohne Gefangenschaft und manifestierter Ängste. Du glaubst nicht an solch eine Welt? Genau deswegen lässt Du ihrer Entstehung auch keinen Raum, weil Du daran zweifelst. Du sagst Dir vielleicht, was soll ich Einzelner da wohl ausrichten. Wenn Du jetzt damit beginnst, ohne Deinen Beitrag als Gegenstand von einsamem Handeln zu bewerten, dann wäre dies zumindest schon mal ein Anfang.

Ich jedenfalls fühlte in meinem Traum, dass ich die Pferde schützen und ihnen weitere Ängste ersparen wollte. Also dachte ich mir, ich rede mit dem selbsternannten Besitzer. Ich versuchte, eine Brücke zu bauen zwischen dem, was er glaubte, tun zu müssen und dem, was er vielleicht doch schon imstande war, aus seinem höheren Selbst heraus zu fühlen. Ich dachte, dass es gewiss nicht einfach sein wird, aber ich hatte meinen Glauben, und der reichte aus, um das Gewissen der Menschen zu erreichen und ihnen Dinge aufzuzeigen, die sie nicht imstande sind, so zu sehen. Ich machte mich also auf den Weg, um mit dem Mann zu reden, und ich hatte sehr viel zu erzählen. Die Pferde ließ ich solange an dem Ort, wo sie sich versteckten. In dem Moment, wo ich den Hof des Besitzers erreichte, kam er mir auch schon entgegen und fragte mich, ob ich erfolgreich gewesen bin. Ich sagte, natürlich war ich erfolgreich, denn ich komme reicher zurück als vorher, auch wenn ich die Pferde nicht dabei habe. Er verstand überhaupt nicht, was ich damit sagen wollte, und ich wollte es ihm gerade erklären, da erwachte ich aus meinem Traum. Erst war ich völlig verwundert über die Echtheit dieses Traumes, und im ersten Moment dachte ich, schade, dass ich nicht zu Ende träumen durfte. Nach einem weiteren Moment der Orientierung war mir bewusst, wie viele nötige Informationen und Erkenntnisse mir dieser Traum gab. Das war für mich mehr wie ein Geschenk. Nun konnte ich noch weiter über diesen Traum nachdenken, und im Laufe des Tages kamen mir immer weitere Erkenntnisse.

Ich dachte, niemand derer, die Leid verbreiten, wollen gerne selber diesem Leid ausgesetzt sein. Sie richten über etwas, dessen Urteil sie, wenn es über sie selbst gefällt werden würde, in Panik versetzen würde. Dieser Mann benutzte die Pferde, und wenn sie ihre Kraft verbraucht hatten, wurden sie geschlachtet und zum Verzehr verkauft. Erst leiden die Tiere, indem man sie ihrer Freiheit beraubt und sie benutzt, und dann werden sie, wenn sie verbraucht scheinen, im schlimmsten Fall einfach abgeschlachtet. Warum ist das so? Es ist deswegen so, weil die meisten Menschen sich überhaupt nicht dessen bewusst sind, was sie da tun. Wenn sie in dem Moment, wo sie so etwas zulassen, erwachen würden, dann würden sie denken, ein Fremder stünde ihnen gegenüber, obwohl sie in dem Moment ihr eigenes Gesicht betrachten könnten. Sie würden sich so sehr über sich selber erschrecken, dass ihnen der Atem stocken würde. Sie würden gar nicht mehr wahr haben wollen, dass auch sie solche Taten zugelassen haben, weil ihr Hunger nach dem Fleisch, welches zum Verzehr für die Menschen vielleicht sogar aus diesen Tieren gewonnen wurde, auch sie bisher satt machte. Die Menschen haben sich längst daran gewöhnt und benötigen Fleisch, um ihr Hungergefühl zu stillen. Haben sich die, die noch Fleisch essen, mal gefragt, woher das, was sie essen, kommt und welch Leid damit verbunden ist. Wer gibt denn diesen Menschen das Recht, so über Leben und Tod zu entscheiden. Es ist einzig und allein die Macht, durch die der Mensch seine Intelligenz missbraucht, sich an Lebewesen zu laben, um satt zu werden. Gut, dass die Tiere noch keine Lösung gefunden haben, diese Menschen wie Müll zusammenzupferchen und dann abzuschlachten, um sie dann als Fleisch in allen Varianten auf den Markt zu bringen. Kein Tier wird jemals in dieser Absicht handeln. Kein Geschöpf dieser Welt kann durch seine Unbewusstheit so grausam sein wie der Mensch. Ich werde meine Klarheit nutzen, um mich diesem Umstand nicht zu beugen, sondern mich für das Gegenteil einzusetzen. Ich tue das nicht auf eine Weise des Krieges gegen den Rest der Welt. Ich tue dies, indem ich an die bereits in Dir wohnenden Kräfte appelliere, welche nur zu einem Denken und Fühlen verkümmert sind, so dass Du die Wahrheit in Dir nicht mehr erkennen kannst. Wer hat sich jemals, wenn er Fleisch isst, darüber Gedanken gemacht, was alles passiert, um diesen sogenannten Genuss auf seine Gabel zu bringen. Es sind Dinge, die die Fleischesser verdrängen oder nicht hören wollen. Es gibt bestimmt einige Menschen, die ihren Beitrag für eine bessere Welt leisten, aber selber alles andere als das leben, was sie erzählen. Ich möchte niemanden schuldig sprechen, weil ich kein Recht dazu habe, aber ich kann Dich teilhaben lassen an meinen Gedanken, Ausführungen und Visionen. Ob Du etwas von dem aufnehmen kannst oder willst, entscheidest Du selbst für Dich. In Dir steckt das Wissen des Ursprungs. Wer tief in sich schaut, wird es finden. Stütze Dich nicht auf Gerüste, die Andere für Dich bauen! Baue Dir Deine eigenen Gerüste zur Wiedererlangung Deiner Fähigkeit, die Dinge mal so zu betrachten, wie sie wirklich sind. Du befasst Dich mit so vielen Dingen, die Dein Ego befriedigen und Dich für den Moment glauben lassen, Du bist zufrieden. Nur wirst Du immer mehr von diesen Dingen benötigen, die von außen kommen, wenn Du nicht wieder lernst, bewusster zu werden. Wozu bist Du denn da? Hast Du Dich das mal gefragt? Ist Teil des Grundes, warum Du da bist, wirklich die Tatsache, dass Du so un-überlegt, so verschwenderisch, so unbewusst, so egoistisch, so herrschend, so einfältig durch diese Welt schreitest, dass Du nicht mal mehr darüber nachdenkst, was Du tust?

Du bist letztlich auch da, um den Eindrücken dieser wunderbaren Welt Deinen Beifall zu geben. Ja, Du darfst wieder klatschen und damit bekunden, dass es Dir nicht egal ist., was mit Deinem Leben geschieht. Hast Du das Klatschen vielleicht auf dieser Ebene verlernt? Wann klatschst Du denn? Wenn die Oper vorbei ist und Dir das Stück gefallen hat? Klatschst Du eigentlich noch, weil Du atmest, weil Du sehen kannst, riechen, hören und fühlen? Diese Dinge empfindest Du vielleicht schon als selbstverständlich, solange sie funktionieren. Ganz zu schweigen von den Dingen, die Dir das System jeden Tag zur Verfügung stellt. Selbst über diese Dinge denkst Du nicht mehr nach, denn sonst würde dieses System nicht zu so einer gewaltigen Machtmaschine angewachsen sein.

Dieser Traum, von dem ich Dir erzählte, brachte mir nur deshalb so viele Erkenntnisse, weil ich ihn in einer Zeit erleben durfte, in der ich mir bereits viel bewusster war als je zuvor. Die Pferde waren nur Symbol für eine breite Masse an leidenden Geschöpfen. Wären sie mir als Hunde, Katzen, Tiger oder sonstige Tierarten begegnet, hätten ihre Augen ähnliche Schicksale zu erzählen. Wenn Du Deinen Erlebnissen und den Geschehnissen in Deinem Umfeld mehr Aufmerksamkeit schenkst, wirst Du in diesen Dingen einiges von dem wiederfinden, was ich beschrieben habe. Auch ich habe mich früher oft gefragt, wozu erlebst Du das jetzt? Wozu soll das gut sein? Heute weiß ich, dass alles seinen Sinn hat. Es ist das Schicksal, was uns alle leitet, auch Dich. Es gibt keine Zufälle. Wenn Du Dein ureigenes System in Dir wiedererkennen kannst und wenn Du in Deiner Tiefe das betrachtest, was Deine wirklichen Wünsche und Begehren sind, dann ist das ein erster Schritt auf Deinem Weg des Erwachens. Es wurde vielleicht schon viel geschrieben und es wurde Dir vielleicht auch schon viel zugetragen, was in Dir Schmerz und Unverständnis auslöste. Doch wie lange hielt dieser Umstand an? Meistens war er nur von kurzer Dauer. Erstens, weil es ja genügend künstliche Produkte gibt, welche wieder schnell dagegen steuern, auch wenn sie alle irgendwelche Nebenwirkung haben und zweitens, weil andere vermeintlich wesentlich wichtigere Dinge Dein Leben prägen. Dieser Berg voller Künstlichkeit, an welchem auch Du Dich labst, ist eine bereits manifeste Größe in Dir. Alles dort drin wurde Dir Stück für Stück von außen zugetragen. Meinst Du wirklich, dass all das, was Du erlebst oder erlebt hast, natürlichen Ursprungs ist? Ich meine nicht unseren wundervollen Planeten oder die Sonne, den Mond, die Berge. Das sind sehr wohl Natürlichkeiten. Ich meine den unermesslichen Berg an Künstlichkeit in Form von Häusern, Autos, Mobiliar, Aktien und Akten, stapelweise Gesetzbücher für Gesetze, gegen Gesetze. Die Möglichkeit, im Ursprung leben zu können, wirklich Du selbst zu sein, nimmst Du Dir, solange Du Dich weiterhin vom künstlichen Berg nährst. Auch wenn Du jetzt vielleicht meinst, dass Du nicht abhängig von der sich in der Künstlichkeit bewegenden Masse bist. Du bist es. Wie viel kannst oder darfst Du denn noch frei entscheiden? Es ist alles so dermaßen künstlich aufgebläht, dass alle Sorgen und Nöte, alle Entscheidungen, alle Umstände nur noch mit angelegten Fesseln wahrgenommen werden können. Nicht alles, was die Menschen hervorbrachten, ist in Künstlichkeit entstanden, sondern wuchs in Anlehnung an eines der größten Geschenke an die Menschen, das Gehirn. Mit diesem einmalig funktionierenden Geschenk erwarb der Mensch die Fähigkeit, Denkprozesse zu vollziehen. Daraus ergaben sich immer sensationelle Erfindungen, welche das Leben der Menschheit revolutionierten. Nur ist das Problem, dass um diese Dinge herum weitere Dinge entstanden sind, welche das Ganze aufblähten wie eine Blase. Als Galileo, Kepler oder Einstein ihre Weisheiten preisgaben, waren das Meilensteine für die Entwicklung der Menschheit. Entdeckungen und daraus resultierende Theorien, welche die Sichtweise der Dinge entscheidend mitprägten. Genauso erwähnt werden soll die Entdeckung unserer Kontinente zu Zeiten, als Schifffahrten noch ein riesiges Entdeckungs-Abenteuer gewesen sind. Das alles sind Dinge, die heute noch in den meisten Geschichtsbüchern zu finden sind. Leider verkümmerte aber das Denken und Handeln vieler Menschen zu Profitgier und Habsucht. Von den Erfindungen und Entdeckungen profitieren wir ja irgendwie alle ein Stück, aber verdienen tun daran, im Verhältnis zur breiten Masse, nur wenige. Gerade dadurch wurden soziale Gräben geschaffen, die solche Begriffe wie „Arm" und „Reich" hervorbrachten. Reich sind wir alle, denn wir alle haben zumindest schon mal den Reichtum unseres Wissens und unserer Erfahrungen. Nur nutzen viele dieses Wissen nicht für sich selbst. Sie verschleiern dieses Wissen mit Ungläubigkeit und Ignoranz, um dann den Berg des künstlichen Reichtums weiter zu vergrößern. Leider ist diese Gier nach Profit und Macht in dieser Welt längst fester Bestandteil. Oft führt er zu einem Höhenrausch, verbunden mit dem Wunsch nach mehr von allem. Einmalig bleibt so eine Sache meist nie, denn wer einmal in diesem Gefühl gelebt hat, möchte es auch meist wieder erleben. Müssen denn viele ohne Rücksicht und Respekt durch dieses Leben schreiten? Warum spielen Mitgefühl und Aufmerksamkeit denn oft keine Rolle mehr? Was machte viele zu dieser teils egoistischen Generation? Vielleicht sagen sich viele, wem nützt es, wenn ich alleine anders denke. Das bringt doch in der großen Masse nicht viel. Nur sage ich Dir nochmals, auch Du bist schon mal ein Anfang. Es ist die Einstellung zu den Dingen, denen Du begegnest. Diese Einstellung ergibt sich aus Deinem Weg. Dieser Weg setzt sich zusammen aus den Dir innewohnenden Kräften, welche Du nur entfalten kannst durch Dein höheres Selbst und den künstlichen Einflüssen und Eindrücken, welche Dir begegnen. Leider werden die Natürlichkeiten oft von den Künstlichkeiten verschleiert. Es gehört im Leben voller Künstlichkeiten oft dazu, auf einem sehr hohen Niveau zu stöhnen. Alles, an was Du Dich bereits gewöhnt hast und wo Du meinst, es für Dich und Dein Glück zu benötigen, möchtest Du gar nicht mehr vermissen. Oftmals kannst Du darauf auch gar nicht mehr verzichten und suchst immer wieder nach neuen Befriedigungen, welche das System Dir bereitstellt. Wenn Du mit einem Mal nun darauf verzichten sollst, dann fängst Du schon an, Dich zu sorgen, obwohl Du noch nicht mal verhungern und verdursten müsstest. Ich möchte Dich gerne mal fragen, was ist denn mit den Werten, die Dich tatsächlich ausmachen, ohne die Du das gar nicht fühlen könntest? Der ganze

Mechanismus in Dir, der Dich am Leben erhält? Das ist doch der eigentliche Zauber Deines Lebens. Besinne Dich doch mal wieder darauf, dass das Dein wahrer Reichtum ist und nicht Deine Besitztümer. Du nutzt diese Geschenke des Himmels jeden Tag und behandelst sie alles andere als wie Dein höchstes Gut. Du bekommst es gar nicht mehr bewusst mit, was Dich leben lässt, weil Du so sehr mit den Dingen in der Künstlichkeit beschäftigt bist. Diese Dinge sind so allgegenwärtig, dass nicht mal Zeit für Dankbarkeit dem gegenüber da ist, was Dich wirklich ausmacht. Diese Quelle in Dir ist da und verkümmerte ungenutzt in all den Jahren, in denen Du Dich von der Künstlichkeit hast verführen lassen. Dabei ist das, was Dich ausmacht, auch genau das, was Dir zu wahrer Stärke und Sein verhilft. Lass Dich wieder bewusst führen von Deiner ureigenen Kraftquelle und bereite Dir somit den Weg zu neuem Erleben. Du möchtest wissen, wie Du dorthin gelangst? Es gibt keinen gesetzlich festgelegten Weg, denn wenn es den gäbe, dann würdest Du Dich vielleicht gezwungen sehen, genau diesen einen Weg gehen. In Gesetzmäßigkeiten funktioniert dieses Leben im Ursprung nicht. Es ist keiner Norm unterworfen. Es ist einzig und allein von Natürlichkeit geprägt. Es geschieht, was geschieht. Du lässt es zu und schaust Dir an, was es mit Dir macht. Du betrachtest die Dinge, die Dir begegnen, mit mehr Tiefe und Aufmerksamkeit. Schau genau auf Dich und in Dich, denn da findet Dein Lebensspiel statt! Wenn Du wieder erkennen möchtest, warum Dir Dein Körper so oft Fehlermeldungen signalisiert, dann vertraue nicht nur auf das, was andere Dir sagen. Niemand kann die Antwort für Dich finden, wenn Du es nicht mal schaffst Dich zu verstehen. Alles, was andere über Dich sagen, ist nur das, was sie sehen, aber nie das, was Du fühlen kannst. Nur Du weißt über Dich Bescheid, und wenn Du hinhörst und hinschaust, dann findest Du Deine Antworten. Vertraue in erster Linie auf das, was Dein Körper Dir sagt. Du musst dazu nichts weiter tun, als aufmerksam genug zu Dir selbst zu sein und Dich zumindest schon mal für diese Momente des Erlebens in Dir von der Künstlichkeit wegbewegen, denn die sind Auslöser Deiner Beschwerden. Das darfst Du erst mal erkennen, bevor Du verstehst. Du kannst Dir, um Dir den Schritt aus der Künstlichkeit leichter zu machen, einige Fragen stellen.

Wie viel von dem, was ich besitze, benötige ich zum Überleben? Wäre ich bereit, im ersten Anlauf bereits einige Dinge loszulassen? Kann ich ohne diese Dinge, die ich besitze, leben? Identifiziere ich mich durch diese Dinge? Wenn Du Dir gegenüber sehr ehrlich bist und den jetzigen Zustand, in dem Du Dich befindest, nicht weiter verzerrst, dann wirst Du Zug um Zug wieder sehen dürfen, dass sich Deine persönliche Lebensphilosophie wieder in der Wahrhaftigkeit spiegelt und nicht in der Künstlichkeit verliert.

Vielleicht lebst Du dann wieder dort, wo Musik Dein Herz durchdringt. Wo Du auch wieder im Regen tanzen kannst und Dein Lachen dabei bis hinauf zu den Sternen schallt. Wo des Nachts eine Kerze brennt. Wo die Türen offen stehen für das, was das Schicksal Dir zuträgt. Wo Du einfach nur sein kannst. Wo die Sonne aus dem innersten scheint. Wo Du durchatmen kannst und all das, was Dich bedrückt, abwerfen kannst. Wo die Welt sich weiter dreht, auch wenn Du meinst, stehen zu bleiben. Wo Du stets im Einklang mit dem Leben bist, welches Dich im Einklang mit Dir sein lässt und Dir Genuss beschert. Wo Du ins Nichts blicken darfst, wenn Du vor Dich her summst, die Vögel belauschst und das Gras wachsen hörst. Wo Du Deine Gedanken schweifen lassen kannst. Wo Du auf Deiner Lebensschaukel sitzt und in den Himmel schauen kannst, während sich die Welt vor Deinen Augen verschleiert und Dich träumen lässt. Wo Du unter Kindern bist, weil Du selber das Kind in Dir fühlen kannst, ohne dass Ihr Euch miteinander messt. Konntest Du für einen Moment fühlen, wie sehr Du eintauchen konntest in die Welt des wahren Seins? Das sind keine Träume. Du hast solche Dinge nur zu Deinen Träumen verkümmern lassen. Das heißt nicht, dass Träume etwas Schlechtes sind. Ganz im Gegenteil. Sie spiegeln Dir Teile von dem wieder, was Dich ausmacht. Wenn Du aber von den Dingen, die Dich ausmachen, nur noch träumen kannst, oder vielleicht sogar noch nicht mal mehr das, dann bist Du bereits sehr weit weg von dem, was Dich sein lässt. In den Momenten, wenn Du nicht bei Dir bist, entstehen die Dinge, welche sich dann weiter zu einem Berg voller Künstlichkeit anhäufen. In diesem Berg sind Deine Probleme, Deine Nöte und Sorgen. Diese sickern dann durch bis in Deinen inneren Stausee und füllen ihn weiter mit dem Unrat, den Dein

Verstand produziert. Daraus erwächst dann wiederum Dein Verhalten zu Dir selbst und Deinen Mitmenschen gegenüber. Du verzichtest dann vielleicht nicht einmal mehr auf verletzende Äußerungen, welche Du gezielt gegen Deine Mitmenschen richtest. In dem Moment gehst Du immer weiter weg von Dir selbst, und die Fahrt führt Dich immer weiter ins Bodenlose. Schaue Dich genau um und betrachte die Dinge wie ein Bild. Versuche, dieses Bild durch Deine Sichtweise zum Leben zu erwecken! Du wirst vielleicht erkennen, dass Du dieses Bild schon so oft betrachtet hast und es nun, bewusster betrachtet, ganz anders aussieht. Das hat mit Deiner geänderten Sichtweise zu tun. Zwischen den Augenblicken des Betrachtens liegen Zeitabschnitte, in denen Du weitere Eindrücke und Erlebnisse aufgenommen hast. Je nachdem, welchen Inhalts diese Begegnungen waren und in welchem Zustand des Bewusstseins Du diese fühlen durftest, entwickelte sich Deine Sichtweise. Dir begegnet also etwas, was zwar in seiner Form und Farbe erhalten bleibt, aber Du darfst es nun bewusster, mit geänderter Sichtweise, erneut betrachten. Durch das neue Betrachten ändern sich auch alle Informationen, welche Dir das Bild bisher zu geben hatte. Nun kannst Du Dich entscheiden, Dir die Dinge weiter im Zustand der Reinheit und Wahrhaftigkeit, welche aus Deiner Mitte kommen, zu betrachten, oder wieder im Zustand der Künstlichkeit. Wenn Du die Künstlichkeit wählst, wirst Du das Bild weiterhin mit Deinem vom Ego besessenen Verstand betrachten. Wenn Du es aus Deiner Mitte und bewusst betrachtest, dann betrachtest Du es mit Deinem höheren Selbst. Da Dein Bewusstsein normalerweise nur den Moment und das Jetzt als den reinen Zustand erkennt und nur Dein Ego Dich daran hindert, dies zu sehen, solltest Du nun diesen neuen Begegnungen mehr Aufmerksamkeit schenken! Dazu darfst Du endlich aufhören, Dich und Andere zu bewerten. Nimm alles so, wie es Dir in den Momenten begegnet! Schau es Dir an! Betrachte es Dir in Ruhe und mit Geduld! Völlig zeitlos und völlig zwanglos. Tue alle Dinge, die Dein Gefühl Dir sagen, aber tue sie zwanglos! Schau doch mal ganz bewusst in einen Spiegel! Nur zu dem Zweck, Dich zu betrachten. Was Du dort als erstes wahrnimmst, ist Deine äußere Hülle, welche dem normalen Verfall ausgesetzt ist. Wenn Du aber genauer hinschaust, dann entdeckst Du viel mehr. Du entdeckst Dich. Ja, Du entdeckst Dich. Du schaust nicht nur in einen Spiegel, sondern Du schaust in ein Geschenk. Es ist vielleicht eines der größten Geschenke, die Dir gegeben wurden. Das sind Du und Dein Leben. Das Funktionieren Deiner Gliedmaßen, Deiner Sinnesorgane, Deiner inneren Organe und den Rest kannst Du nun betrachten. Was aber wäre das alles ohne Dein Bewusstsein? Deshalb sagte ich, dass es vielleicht das größte Geschenk ist, weil ich glaube, dass Dein größtes Geschenk Dein Bewusstsein ist. Ohne Dein Bewusstsein könntest Du Dich selbst gar nicht wahrnehmen. Du darfst Dir nun also bewusst werden, dass Du sehr wohl auch ein Bewusstsein hast. Nur nutzt Du es nicht mehr bewusst. Du lebst vielleicht in einer Scheinwelt oder in einem Raum, welcher Dir nur Verstand-regiertes Denken erlaubt. Wenn ich Dich frage, ob Du glücklich bist, dass Du leben darfst, dann antwortest Du mit „ja" oder „selbstverständlich". Vielleicht stehen hinter dieser Antwort sogar schon Zweifel am Leben oder dem, was Dir begegnet und was Du für Dein Leben hältst. Dann kommen in Dir diese ABER-SÄTZE zum Vorschein, welche Dein Verstand Dir projiziert. Ich frage, was ABER? Reichen Dir diese Geschenke nicht mehr, welche Du täglich dankend bestaunen darfst? Eigentlich reichen diese Dinge doch aus, um glücklich zu sein, oder? Nun könnte es sein, dass Du gerade das verlernt hast zu geben, was ich in einem der letzten Sätze schrieb… DANKBARKEIT!!! Du kannst diesen Dingen gegenüber keine Dankbarkeit mehr entgegenbringen, weil Du abseits jeglichen Bewusstseins Denkstrukturen entwickelt hast, die Dich zum bewerten zwingen. Jetzt kannst Du Dir mal vorstellen, welche Macht Deine Gedanken besitzen. In Gedanken kannst Du so viele Dinge tun, seien es Dinge, von denen Du schon immer geträumt hast oder Dinge, die Dein Verstand Dir sagt. Du kannst in Gedanken auch urteilen, richten, wehtun, bewerten und andere Dinge tun. Du kannst aber auch Deinem Verstand erlauben, Dich freizugeben und wieder anfangen, Dich von Deinem Bewusstsein leiten zu lassen. Dann kann endlich wieder Dein höheres Selbst an die Stelle treten, wo im Moment noch Dein Ego Dich beherrscht. Dann kannst Du jegliche dieser Denkstrukturen, welche Dir im Verstand begegnet sind, beiseite räumen. Du kannst Dich dann wieder den Momenten völlig ohne

Widerstand hingeben und darauf vertrauen, dass dies der wahrhaftige Weg ist. Das ist dann völlige Hingabe auf einer Ebene, wo sie Dir absolute Wertungsfreiheit verschafft. Ich weiß, dass in alten Mustern zu leben oder immer wieder in diese zu verfallen, oft den gesamten Alltag bestimmt, der Dich begleitet. Das hat natürlich seinen Grund. In Deiner Vergangenheit ist Dein Verstand geprägt worden, und dieser versucht immer wieder das zu erschaffen, was er aus der Vergangenheit kennt und was ihm vertraut scheint. Dein Verstand hält festen Kontakt zu den ihm bekannten Mustern. Er ignoriert einfach den Moment und das Unbekannte und stuft es als etwas Gefährliches ein, weil er darüber keine Kontrolle hat. Der Verstand identifiziert sich dann mit Deinem Leid und Deinem Schmerz und ernährt sich davon. Dich vom Verstand-regierten Denken zu befreien, heißt in erster Linie, das anzunehmen, was ist, und es zu betrachten als einen Teil Deines Weges. Um annehmen zu können, brauchst Du erst mal nur alles bewusster zu betrachten. Du wirst dann spüren, dass Du voller neuer Eindrücke und voller neuer Erlebnisse sein wirst. Alles wird Dir erst fremdartig und als etwas Neues begegnen, aber im Laufe der Zeit wirst auch Du diese Einzigartigkeit in dem, was Dir begegnet, erkennen. Gerne möchte ich Dir erzählen, was meiner Freundin auf ihrem Lebensweg widerfahren ist. Seit einiger Zeit arbeite ich mit meiner Freundin sehr bewusst spirituell zusammen, und von der Sichtweise ihrer Erlebnisse, welche Grad ihrer Bewusstheit geworden sind, möchte ich hier gerne berichten. Meine Freundin hat über freundschaftliche Kontakte einige Familien kennen gelernt, denen sie im Haushalt mit zur Hand geht. Von je her erfährt sie wegen ihrer offenen, herzlichen, respektvollen Art ein gutes Feedback. Als sie sich entschied, diesen spirituellen Weg zu gehen, veränderte sich auch ihre Haltung zum Leben und zum Geschehen. Ihre ohnehin schon zuvorkommende Art multiplizierte sich nun mit mehr Selbstvertrauen und Reichtum aus ihrer inneren Quelle. Sie fühlte nun nicht mehr, bedingungslos das hinnehmen zu müssen, was andere im Rahmen ihrer Anwesenheit zur Ausübung ihrer Tätigkeit von ihr erwarteten. Sicher entsprach ihre Tätigkeit weiterhin den Wünschen der Leute. Doch ganz nebenbei erstrahlte ihre körperliche Schönheit zu einer aus ihrer Kraftquelle genährten Wahrnehmung. Leider werden

Menschen, denen dieser Umstand selbst nicht widerfährt, zu ihrer ohnehin schon von Neid zerfressenen Art noch mehr an das erinnert, was sie nicht besitzen. Nun ist es leider so, dass diese Menschen nicht wissen, woher man das bekommt. Kein Geld der Welt benötigt man, um es zu erfahren. Du erhältst es gratis. Anstatt interessiert zu fragen, woher meine Freundin diesen neuen Glanz nimmt, stützen sie sich auf das, was sie in ihrer künstlich begrenzten Welt als Erklärung finden. Sie benutzen die Macht, die ihnen durch diese Künstlichkeit gegeben wurde, und erheben sich mit ihrer Hilfe in eine Position, in der sie glauben, meine Freundin dessen berauben zu können, was ihr geschenkt wurde. Ein Teil von dem, womit meine Freundin ihr Brot bezahlen konnte, war das Einzige, was sie imstande waren, ihr wieder zu nehmen, mehr nicht. Ihre Erkenntnisse und ihr Weg bleiben ihr auf ewig. Selbst der Versuch, ihr Wissen mit ihnen zu teilen, brachte ihr oft nur Unverständnis und noch mehr Wut entgegen. Trotz dieser versuchten Demütigung verabschiedete sich meine Freundin mit den Worten des Dankes für die gemeinsame Zeit und dem, was sie dabei lernen durfte. Einmal ging sie zu einer Familie, die genau über einem der eben besagten Menschen wohnte, für den sie ebenfalls arbeitete. Dort begab sie sich auf die Terrasse, um den bereits sehr durstigen Pflanzen göttliches Wasser zu spenden. Beim Säubern der Pflanzenbehälter fielen einige vertrocknete Zweige auf die darunter liegende Terrasse. Die Dame von unten war sofort zugegen und voller Bosheit. Sie hatte immer noch nicht genug, weil sie überhaupt nicht verstehen konnte, warum sie meine Freundin nicht aus der Ruhe zu bringen vermochte und sie nicht einige böse Worte meiner Freundin gegen ihre Provokation tauschen konnte. Sie war alles andere als bei sich, und das zeigte sich in jedem Moment. Sie suchte weiterhin Motive für ihr Verhalten. Meine Freundin hatte etwas, was diese Dame so nicht empfinden konnte. Es war eines der ersten Erlebnisse meiner Freundin, welches sie sehr bewusst wahrnahm, und in dem sie absolut bei sich geblieben ist. Sie agierte für den Moment nicht dort, wo diese Dame sie gerne gesehen hätte. Meine Freundin konnte das deshalb so gelassen sehen, weil sie darauf vertraute, dass auch diese Frau eines Tages bewusster werden wird, und dann wird auch sie erwachen und ihren alten, vom Verstand regierten Zustand nun als etwas Fremdes betrachten können. Es ging meine Freundin nicht um Verurteilung, sondern um Akzeptanz. Ganz im Gegenteil, ihr Zustand ist geprägt von Verständnis und Behutsamkeit. Die Dinge so zu sehen, wie sie wirklich sind, ist ein befreiender Aspekt.

Ich möchte Dir sagen, dass Dir genau in dem Moment, wo Dir etwas von der Künstlichkeit genommen wird, viel mehr Befreiung zuteil wird, als Du vielleicht zunächst erkennen kannst. Wenn Du in Deiner Mitte bist, dann wirst Du fühlen, wie leicht es sein kann. Der Berg, der auf Deiner Schulter lastet, wird dann immer leichter. Wenn Du das einmal spüren darfst und diesen Weg dann gegangen bist, dann wirst Du diese Natürlichkeit, diese Wahrhaftigkeit, diese Reinheit, von der ich spreche, nicht mehr ignorieren können, weil es Dich ausmacht. Natürlich unterliegt der Prozess keinem Zwang, sondern erwächst im natürlichen Tempo. Du lässt es einfach nur geschehen und spürst dabei die Veränderung. Bleibe in Dir und zeitlos, denn Du benötigst diesen Druck nun nicht mehr. Vertraue immer mehr auf Dich und das Gefühl, welches Dich leitet. Du wirst auf alles eine Antwort erhalten. Du brauchst Dich nicht zu zwingen, zur Antwort gehen zu müssen. Die Antwort kommt zu Dir. Vertraue darauf, dass Dein Weg längst begonnen hat und Dich bereits länger leitet, als es scheint.

Nun geschah es, dass meine Freundin einen ausgedehnten Spaziergang unternahm, um sich von den Erlebnissen zu reinigen. Sie lief einfach los und bemerkte erst nach einiger Zeit, dass sie nichts weiter bei sich hatte außer sich selbst. In diesem Moment erwachte in ihr ein völlig neues Gefühl. Zum ersten Mal fühlte sie sich erleichtert und nicht leer. Nichts mehr dabei von der Künstlichkeit. Nur sich selbst. Es wurde ihr währenddessen bewusster, dass nichts so wertvoll für sie war als Ihre eigene Essenz und ihr Körper. Beides zusammen ist so, bewusst betrachtet, ein großer Schatz. In dieser völligen Reinheit erstrahlte ihre Wahrnehmung zu einer so noch nie da gewesenen Form, so dass sich ihr Bilder der Erkenntnis und des Reichtums eröffneten. Sie betrachtete das Meer aus einer ganz anderen Quelle. Sie fühlte sich in diesem Moment erwacht, und plötzlich schienen die Wellen, die dort schäumten, nicht mehr nur gewaltig und tosend, sondern als wären sie da, um das Meer zu reinigen. Ein Stück weiter des Weges blinkte im Sand des Strandes etwas Glänzendes, und neugierig bückte sie sich, um zu sehen, was das ist. Dort lag ein Euro, den sie auch gleich symbolisch für eine Antwort annahm, dessen Frage nicht mal einige Stunden alt gewesen ist.

Die Erlebnisse meiner Freundin zeigen Dir, dass Du das, was Du benötigst, um zu leben, stets und ständig bei Dir trägst. Diese ganzen Erlebnisse zeigen, wie sehr viele Dinge, die auch Du vielleicht erlebt hast, mit einem erhöhten Bewusstsein betrachtet, derart an Bedeutung gewinnen, dass Du sie wie ein Geschenk sehen darfst. Du darfst es als Geschenk annehmen. Als Geschenk in ein Stück mehr Freiheit für Dich. Du brauchst Dich nicht mehr länger zu fragen, wie Du Dich frei fühlen sollst, wenn man Dir die vermeintliche Quelle nimmt, durch die Du Dich bisher genährt fühltest. Wenn Du meinst, etwas tun zu müssen, und wenn Du mit Angst und Zweifel an die Dinge herangehst, die Dir begegnen, kommt dies alles auf die eine oder andere Art und Weise wieder so zu Dir zurück. Auch das wirst Du erkennen, wenn Du bewusster bist. Spätestens jetzt, oder vielleicht frühestens jetzt wirst Du erkennen, dass Du darauf vertrauen kannst, dass Du nur Du selbst sein kannst, wenn Du Dich selbst erkennst. Erkenne wieder, dass alles, was aus Deiner ureigenen Quelle kommt und was daraus entsteht, die Wahrheit ist. Du wirst Dich dann auch fragen dürfen, wie viel von dem, was Du besitzt, Du auch tatsächlich zum überleben benötigst. Erinnerst Du Dich noch an diese Frage? Im heutigen System seinen Platz zu finden ist eine vergebliche Suche, welche Dich immer weiter weg führt von Dir selbst. Einen Kompromiss zu finden für Dich und die Dinge, die Dich weiterhin in der Künstlichkeit gefangen halten werden, ist das Einzige, was übrig bleiben sollte, solange dies noch nicht die neue Erde ist, von der Du träumst. Gehe zumindest schon mal dorthin, wo alles für Dich bezahlbar bleibt. Verzichte auf Kredite und Schulden! Schaue Dir genau an, warum Deine Ansprüche an die Normen in dieser Gesellschaft gefesselt sind! Bestimmt bist Du selber bereits gefangen in den gesellschaftlichen Denkstrukturen, in denen nichts mehr dem Ursprung entspricht. Es hilft vielleicht schon, wenn Du Dich fragst, wo für Dich Luxus beginnt. Ist es der Fernseher, den Du besitzt, oder erst ein Haus, wenn Du es Dein Eigen nennen darfst. Welche Mittel stehen Dir wahrhaftig zur Verfügung, um Dir Dinge kaufen zu können? Sicher wirst Du Dir all diese Fragen gar nicht mehr stellen müssen, wenn Du Dir bewusst genug bist, aber es kann ja sein, dass Du es noch nicht bist, und dann solltest Du diesen Dingen anders begegnen. Das System verführt Dich und macht Dich blind für das, was Du sehen solltest, um wahrhaftig sein zu können. Wenn Du Dinge aus dem gewaltigen Berg der Künstlichkeit mit Erstaunen betrachtest und diesen Dingen damit Deine ganze Aufmerksamkeit schenkst, kannst Du nicht mal mehr im Ansatz aufmerksam genug zu Dir selbst sein. Wenn Du einmal genau in Dich schaust und Deine persönliche Situation mit dem vergleichst, was ich eben geschrieben habe, ohne alles wörtlich auf Dich zu übertragen, dann findest auch Du bei Dir diesen unstillbaren Hunger, den diese Künstlichkeit in Dir auslöst. Du steckst bereits in einer tiefen Abhängigkeit, in der Du keine Wege mehr sehen kannst, um auszubrechen. Dieses System zielt nur darauf ab, in der Zeit Deines Daseins Profit mit Dir zu machen. Wenn Du dann nicht mehr gebraucht wirst, hängst Du dann immerhin noch wie ein Kropf an diesem System. Dennoch sind die Kosten, die Dich bereits schon begleiten, so unnatürlich und aus dem Gleichgewicht, dass Du schon längst nicht mehr imstande bist, sie von selber aufzufangen. Du benötigst Zusagen und Hilfen des Systems und damit erhöhst Du Deine Abhängigkeit. Das ist deshalb so, weil das System es Dir so leicht macht, über Deine Verhältnisse zu leben. Ob Du lebst, um zu arbeiten, oder arbeitest, um zu leben, spielt im Grunde genommen überhaupt keine Rolle, denn wenn das der ganze Inhalt Deines momentanen Daseins darstellt, findest Du keine denk freien Pausen, um Dir bewusster zu werden. Der Verstand hängt an Deiner Vergangenheit und ernährt sich von ihr. Er nährt sich von ihr und das reicht aus, um immer wieder neue Fehlermeldungen entstehen zu lassen. Alles, was Dich also jetzt noch ausmacht, ist nicht das, was aus Deiner eigenen Mitte, aus Deinem höheren Selbst kommt, sondern was Dir an Künstlichkeit Tag für Tag angetragen wird. Wenn Du anfängst, nicht alles zu glauben, was in diesem System von außen an Dich herangetragen wird, sondern wieder dem mehr Vertrauen und Aufmerksamkeit schenkst, was Du wahrhaftig fühlst, dann wird sich Dein Dasein erhellen, Du wirst mit Reichtum beschenkt und unvernebelte Wahrnehmung fühlen. Es geht auch gar nicht darum, dass Du jetzt verkrampft nach einem Weg suchst, dies alles möglichst schnell erleben zu dürfen. Auch das ist nur eine mit vielen alten Fehlermeldungen gespeiste Struktur, welche Dir noch anhaftet. Die Ursache hierfür liegt an den sich aus den ständigen Fehlermeldungen ergebenden Eigenschaften wie Ungeduld, Erwartung, Bewertung und auch Ängste. Einige der Eigenschaften entspringen Deinem innewohnenden Schutzsystem, welches Deiner ureigenen Wahrnehmung dient, jedoch durch die ständigen Einflüsse des Systems aus dem Ruder gelaufen ist. Die Angst ist da ein sehr interessantes Beispiel. Angst verbindest Du meist mit etwas unangenehmem. Normalerweise muss die Angst ja nicht täglich in Erscheinung treten. Nur in bestimmten Situationen etwa soll sie Dich vor drohenden Gefahren schützen. Sie ist also Teil Deines ureigenen Warnsystems, mit welchem die Natur Dich ausgestattet hat. Leider ist die Angst längst oft ständiger aktiver Begleiter in diesem System. Sie hat längst nicht mehr nur die Aufgabe, Dich vor Gefahren zu schützen, sondern sie möchte Dich auch schützen vor den Dingen, die in schleichenden Prozessen in diesem System mit Dir geschehen. Du erkennst das natürlich nicht, sondern verbindest es mit etwas Unangenehmem, weil Du die Zusammenhänge noch nicht verstehst. Die gesamte Künstlichkeit, die Dich nährt, beinhaltet schon in ihrer gesamten Struktur Angst.

Diese Angst wird nicht mehr nur auf den Beipackzettel eines Präparates gedruckt, welches Du wiederum gegen Angstzustände verschrieben bekommst. Allein die Tatsache, dass Du Dich von den immensen Bergen an Künstlichkeit, die das System Dir bietet, abhängig machst, ist der Grund für das Ausufern von Schutzfunktionen zu einem Zustand des Unwohlseins in Dir. So, wie Du Dein Leben heute angehst, hat das ganz und gar nichts mehr mit Wahrnehmung zu tun, denn Du hast ja gar keine Zeit mehr für Dich. Wie kannst Du also etwas verstehen, was in Dir geschieht, wenn Du Deine Zeit mit Dingen verbringst, welche Dich immer weiter weg führen aus Deiner Mitte. Du betrachtest die meisten Dinge, die Dir begegnen, mit Selbstverständlichkeit. Ob es die Bahn ist, auf die Du wartest, oder ob es das Brot ist, welches Du Dir beim Bäcker kaufst. Wie willst Du also etwas erkennen und achten, was Dich selber am Funktionieren hält, wenn Du nicht mal mehr diese Dinge, die im System stattfinden, achtest. Im Gegenteil, Du verachtest ja vielleicht noch viele Dinge, obwohl Du selber mit der Welle schwimmst. Alles, was in Dir stattfindet und was in dem System vorgeht, hat nichts mehr mit Ursprünglichkeit zu tun, sondern ist künstlich aufgebläht.

Ich möchte nicht darüber urteilen oder richten, ob alles zu Verzerrungen der Kräfte in den Menschen führte, weil ihnen diese geschichtlichen Entwicklungsprozesse zuteil wurden. Darum geht es gar nicht, weil jede Veränderung, die durch neue Erfindungen ausgelöst wurde, ja nicht ursprünglich gleich ein beunruhigendes Ausmaß beinhalten muss. Doch wenn Du mal Erfindungen und deren Entwicklung betrachtest, hängen doch an diesen Urzuständen so viele Geschwüre, dass das Ursprüngliche bereits völlig verzerrt ist. Die ganze Veränderung, der Du Dich in diesem System aussetzt und welche sehr rasant vonstatten geht, hat nichts mit der Veränderung zu tun, die in Dir stattfindet. Diese Veränderung kannst Du vielleicht gar nicht mehr fühlen, weil das andere in Dir so sehr präsent ist. Nur genau diese Veränderung, die in Dir stattfindet, ist es, welche Dir Kreativität in Deinem eigenen Sein erlaubt. Vielleicht bist Du gar nicht mehr in Dir oder bei Dir und kannst Dich selbst nur noch als eine Art Fassade betrachten. Wenn Du nur einen Teil der Aufmerksamkeit aus der künstlichen Welt abziehen könntest und diese in Dich lenken würdest, dann wüsstest Du schon mal, wie es sich anfühlt, an Deiner Quelle zu sein. An Deiner Quelle des Lebens. Wenn dieses Leben voller Künstlichkeit und voller Inhaltslosigkeit der einzige Weg wäre, den Deine Wesenheiten Dir zeigen, dann wäre Dein Leben wohl voller sichtbarer Qual und ohne Ausweg. Nur ist genau das Gegenteil davon der Fall. Du hast Dich in diese Rolle gezwängt, weil Du meinst, dass nur dies der Weg sein wird. Du siehst in deiner Festgelegtheit und in deiner Angst vor Veränderung nur noch die Gefahr, all das, was dich deiner Meinung nach ausmacht, zu verlieren. Nimm Dir doch mal die Zeit und überlege mal, warum Dir so viele Dinge Angst machen. Wenn Du wählen würdest, wofür würdest Du Dich entscheiden? Ein Leben in

Wahrhaftigkeit und Angemessenheit, aber frei, oder aber ein Leben voller Künstlichkeit in Dir gefangen. Wenn Du Dir bewusst genug wärest, dann würden in Dir gar keine Kriege mehr ausgetragen werden in Sorge darum, wovon Du Deine nächste Kreditrate für Dein Haus bezahlst, oder die offenen Restzahlungen für Deine 2 Autos. Solche Konflikte gäbe es dann nicht mehr. Vielleicht ist dadurch bei Dir schon dieser ureigene Schutzmechanismus, Deine Angst, längst außer Kontrolle geraten. Du darfst bescheidener werden, denn damit schaffst Du Dir entschieden mehr Sorglosigkeit und befreist Dich von unnötigem Ballast, der auf Deinen Schultern lastet. Die Welt ist im Wandel, und dies schneller denn je. Wenn Du sie erst spüren kannst, diese Samen der Erleuchtung, die in Dir zu einer zentralen Quelle des Bewusstseins erwach(s)en, dann schreitest Du in diese neue Zeit hinaus. Du schreitest aus dem Schatten in das Licht.

Dieser ständige Wechsel zwischen Trübsinn und Freude ist ein hin und her wandern zwischen Licht und Schatten. Vielleicht haben sich in Dir auch bereits Ängste vor dem, was Dich erwartet, manifestiert. Das liegt alles an den Strukturen, welche Dir täglich begegnet sind und Dir weiter begegnen. Diese Strukturen haben Dich codiert. Vielleicht spürst Du bereits ein wenig, dass Dir Deine Ängste etwas zu erzählen haben. Versuche nicht immer wieder, Deine Antworten dort zu finden, wo Du keine bekommen kannst. Nähre Dich mit dem, was aus Dir kommt! Alles um Dich herum, alles in Dir, sind bereits Deine Antworten. Du darfst es Dir so oft betrachten, wie Du willst, nur solltest Du es auch tun. Um Dich so fühlen zu können, benötigst Du den Glauben an Dich selbst. Ich meine nicht den Glauben in dem System, mit dem Du, durch ständig wiederkehrende Muster, groß geworden bist. Diesen Glauben an Dich selbst kann Dir niemand nehmen, weil er zu Dir gehört wie Deine Luft zum Atmen. Du besitzt also etwas, das Du nur verlernt hast zu erkennen. Ob Du diesen Glauben wieder fühlen kannst oder nicht, liegt einzig und allein an Deinem Bewusstsein. Erschaffe Dir wieder mehr Freiräume in Deiner geistigen Welt, denn nur so schaffst Du Platz für das Entstehen des höheren Bewusstseins.

Wenn Du mal überlegst, wie viele Meilen Du in Deinem Leben gegangen bist, ohne dabei auf Deine Zentralität zu achten. Dir wird nicht ständig entgangen sein, dass auch bei Dir bereits innere Zeichen darauf verweisen, dass Du in eine Richtung gehst, die nicht durch Erfüllung und Zufriedenheit geprägt ist. Wenn Du das Wichtigste, was Dich ausmacht, nicht fühlen kannst, bist Du im Grunde genommen Deines Lebenselixiers beraubt. Was würde geschehen, wenn ein Vogel sich die Flügel brechen würde. Er hätte das Wichtigste verloren, was ihn ausmacht. Dieser Zustand würde ihn von einer Sekunde auf die nächste in einen Zustand der Hilflosigkeit versetzen. Seinem freien Leben wäre damit ein jähes Ende gesetzt. Er würde es sofort fühlen, weil das seinem Leben den ganzen Sinn nehmen würde. Ein Vogel verschwendet keine Zeit mit Gedanken an die Vergangenheit oder die Zukunft. Er lebt absolut im Moment und genießt das Gefühl des Dahingleitens und des Spiels mit dem Wind. Sein Leben beinhaltet ausschließlich die Suche nach Nahrung und dient der Fortpflanzung zur Erhaltung der Rasse. Dieses Gefühl von Unzufriedenheit oder ein Leben in Vergangenheit und Zukunft kann sich ein Vogel gar nicht leisten. Gerade anhand dieses Beispiels kannst Du erkennen, was grenzenlose Freiheit ausmacht. Du läufst in Deinem Leben endlose Strecken ohne das Wissen, dass Dich Dein Leben in diesem System immer wieder in Dir selbst gefangen hält. Alles, was Deinem Leben einen Inhalt gibt, sind die Dinge, die Du um Dich herum erschaffen hast in dem Glauben, dass nur diese Dinge es sind, die Dich ausmachen. Den materiellen, systemorientierten Dingen verfallen zu sein, lässt Dich alles andere als in der Wirklichkeit leben. Vielleicht empfindest Du ja emotionale Leere, wenn Du Dir nicht ständig neue Freude von außen zuführen kannst. Das können kleinere Dinge sein, die im Alltag bereits als normal angesehen werden, oder es können manchmal auch größere Dinge sein, die Du meinst zu benötigen, um Dich erfüllter zu fühlen. Oftmals sind es aber Dinge, die fatale Auswirkungen auf Deine freiheitlichen Strukturen haben, denn oftmals stecken hinter den so genannten Besitztümern auch erhoffte Wertsteigerungen oder Zinsversprechen, welche alles andere als sicher sind. Wenn es das wäre, dann hätte dieses System die Fähigkeit, in die Zukunft schauen zu können. Du schenkst diesen Zukunftsprognosen so viel Vertrauen und klammerst Dich an Zahlen und Fakten, nur um diese Dinge für Dich zu rechtfertigen. Du glaubst den Dingen, die Dich immer weiter wegführen aus Deiner Mitte. Selbst wenn Du noch nach Jahren des Wartens und Bangens, in ständiger Unruhe und Erwartung lebend, nur Bruchteile des versprochenen Regens erhältst, wirst Du noch an dieses System glauben. Nicht nur der Zahn der Zeit, sondern auch das ständige Hoffen und Bangen hat bereits in Dir tiefe Wunden hinterlassen. Es ist Dir gar nicht mehr möglich, im Jetzt zu leben, weil Du Dich ständig verzweifelt darum bemühst, Dein Hab und Gut zu erhalten. Du verbrauchst so viel Energie dafür, dass diese Dir fehlt, um Dein Sein zu erhalten. Nicht die Werte von außen erhalten Dein Sein. Das ist ein gefährlicher Trugschluss. Dein Sein wird durch die Aufmerksamkeit erhalten, mit der Du das betrachtest und erkennen darfst, was Du für Dein Erleben tatsächlich benötigst.

Wenn es die Bestimmung vieler Menschen gewesen wäre, im heutigen teilweise als selbstverständlich geltenden Luxus zu leben, dann würde es doch diese tiefen Gräben in der Gesellschaft gar nicht geben und jedem würde es gleich ergehen. Niemand muss sich diesem zerfressenden Prozess aussetzen, es sei denn, er liebt es, immer weiter von sich wegzugehen, hin in eine Welt, in der nichts, aber auch gar nichts mit der Wahrhaftigkeit zu tun hat. Du darfst das, was sich Dir von außen bietet, gerne dankend annehmen, aber es sollte nicht der Inhalt Deines Lebens sein, Dich nur noch dadurch identifizieren zu können. Es sollte Dich nicht bestimmen.

Wenn sich Gewaltbereitschaft erhöht oder potenziert, wenn Krankheiten sich festsetzen, wenn Gräben immer tiefer werden, dann ist das eine Folge dieses Umstandes. Ich glaube, dass Du das bereits auch selber weißt; nur die Stimme dagegen zu erheben, würde ja bedeuten, die Stimme gegen sich selbst zu erheben.

Sich täglich daran zu erinnern, den Moment zu genießen, die Vergangenheit ruhen zu lassen und sich nicht mehr so fanatisch mit der Zukunft zu beschäftigen gäbe Dir gar keine Zeit mehr, Dich mit Dingen zu befassen, die gar nicht auf Deinem eigentlichen Speiseplan stehen.

Wie soll das gehen, wirst Du Dich vielleicht fragen? Sicher wird das umso schwieriger, wenn Du ständig den neuen Schreckensszenarien, die durch die Medien verbreitet werden, Deine Aufmerksamkeit schenkst.

45

Das ganze Szenario geht ja dann noch soweit, dass mit Katastrophen-meldungen, Kriegsmeldungen und Opferzahlen so viel Neugier bei den Menschen geweckt wird, dass sie nach immer mehr Informationen dieser Art suchen. Wenn Leid verbreitet wird, um damit auch noch Geld zu verdienen, müsste doch auch bei Dir die Alarmglocke klingeln. Tut es aber vielleicht nicht, weil das Ganze ja nicht vor Deiner Haustür geschieht. Solange das Geschehen in sicherer Entfernung stattfindet, sieht das leider jeder gelassener. Dabei rückt das Wort Gemeinschaft in endlose Entfernung. Ich sage bewusst „Gemeinschaft", denn vor Gott sind alle gleich und niemand kann sich des Schicksals erwehren, dass ihm tagtäglich begegnet. Alle Menschen haben ein und dasselbe Geschenk bekommen und dürfen teilhaben an diesem wunderbaren Glanz der Welt, an dem Glanz der Farben. Jeder darf die Herrlichkeit dieser Erde kosten und dankend entgegennehmen. Nur, wer kann dies als Geschenk sehen, wenn er sich völlig in seinem Verstand verloren hat. Wie kannst Du dann im Hier und Jetzt leben, wenn ein Betrachten der Dinge, die Dich zu Dir selbst führen, gar nicht mehr möglich ist. Du verdrängst vielleicht sogar ganz gezielt die Dinge, die Dir etwas sagen wollen, weil Du die Botschaft darin nicht erkennen kannst.

Sicher kennst Du solche Momente, in denen Dir das Gefühl widerfährt, dass Du diese Situation schon einmal erlebt hast. Dieser momentane Gedankenblitz dauert vielleicht nur ein paar Sekunden oder noch weniger. Du nimmst das kurz wahr und legst es dann schnell beiseite, weil andere (un)wichtigere Dinge auf Dich warten. Es gibt so viele Dinge auf dieser Welt, für die es nach Deiner Auffassung jede Menge Erklärungen zu geben scheint. Alles aber nur Erklärungen, welche Du als logisch empfindest, weil Dir diese Empfindungen und Eindrücke durch Übertragung aus Deinem Informationsfeld bereits bekannt vorkommen. Nur ist es genau das, was Du nicht erklären kannst, was Deine gesamte Aufmerksamkeit erforderlich macht, um auch mal in die Tiefe gehen zu können. Ob Dinge einen tiefen Sinn haben oder nicht, prägst Du mit jedem Zustand, in dem Du Dich befindest, selbst. Du gibst den Dingen den Namen, indem Du den Grad an Präsenz und Aufmerksamkeit, welche Du investiert, selber bestimmst.

In einem meiner Träume stand ich irgendwann irgendwo am

Straßenrand und unterhielt mich mit irgendjemandem über meine Tochter. Ich sagte, sie sei mein Sonnenschein und das ich sie sehr lieb habe. Kurze Zeit später stand sie neben mir und sagte, dass sie genau gehört hätte, was ich eben gesagt habe. Sie war zu meinem Erstaunen sehr aufgebracht und wütend. Ich fragte sie, was sie denn gehört hätte? Darauf sagte sie, wenn ich schon so laut reden würde, dann empfehle sie mir wenigstens, daran zu denken, dass ihr Büro nur ein paar Meter entfernt ist und das Fenster dort offen steht. Darauf fragte ich erneut, was sie gehört hätte. Darauf sagte sie, dass sie das nicht wiedergeben möchte und ich schon wüsste, was das war. Ich spürte im Traum ein Emporsteigen von Wut. Ich versuchte, diese zu zügeln, aber es gelang mir nicht. Ich schickte meine Tochter unmissverständlich und mit der Bitte fort, mir erst wieder zu begegnen, wenn ihr Auftreten nicht von Vorurteilen geprägt ist. Ich spürte, wie mich dabei ein Unbehagen überkam, weil das nicht die Reaktion gewesen ist, welche aus meiner Mitte kam. Daraufhin ging ich nochmals in mich, um mir die Reaktion, welche ich aus meiner Mitte getroffen hätte, zu vergegenwärtigen. Ich suchte nun in dieser Situation Klarheit und Reinheit und ging weg von den durch alte Denkstrukturen verzerrten Mustern. Nun ging ich zu ihr und bat nochmals um ein Gespräch. Sie war bereit und hörte mir zu. Ich sagte zu ihr, wenn Du möchtest, dann überdenke diese Situation noch einmal. Du hast beurteilt und verurteilt, ohne die Wahrhaftigkeit des Inhalts des Gesagten wirklich zu kennen oder richtig gehört zu haben. Du hast Dich allein auf eine Vermutung gestützt, obwohl Dein durch tausend Nebengeräusche belastetes Gehör nur verzerrt imstande war, alles wahrzunehmen. Ich sagte, dass in mir immer noch tiefer Respekt und Zuneigung im Zentrum meines Geschehens steht. In ihr aber herrschte eine Mischung aus Stress, alten Verletzungen und ein Reagieren weit entfernt von ihrer Mitte. Ich sagte ihr, dass ich nur deshalb diese Klarheit und Reinheit empfinden konnte, weil ich nochmals in mich gegangen bin. Ich hatte schon einen entschiedenen Schritt für mich in Richtung wertungsfreien Denkens getan. Ich wusste, wovon ich redete, weil ich solche Situationen zur Genüge erfahren habe. Nun wusste ich auch, warum dies so gewesen ist. Alles, was wir erleben, wird irgendwann einmal im Zusammenhang stehen mit unseren gegenwärtigen Begegnungen und Geschehnissen, auch in unseren Träumen. Die aus meiner alten Struktur entstandene Reaktion und dann die durch völlige Bewusstheit geprägte Situation standen sich unmittelbar gegenüber, weil sie momentaner Bestandteil meines Prozesses gewesen sind. Wenn Du bewusst genug bist, dann kannst Du solche Situationen selber an Dir entdecken und Deine Reaktionen bewusster betrachten lernen. Genau dann entdeckst Du unendlich viele Antworten, darauf darfst Du vertrauen. Es entwickeln sich reinere und wahrhaftigere Sichtweisen. Dies gibt Dir ein Gefühl von Intensität und Nähe zu Dir selbst und hat dann nichts mehr mit einer aus dem Verstand heraus erzeugten Reaktion zu tun. In dem ohnehin schon so sehr vom Verstand regierten Denken entsteht dann vielleicht auch noch eine Oberflächlichkeit, welche diesen Umstand noch intensiviert. Vielleicht hatte ich solche Träume schon früher und konnte deren Tiefe aber nicht verstehen, weil ich noch nicht bewusst genug gewesen bin. Die Sicht der Dinge ist von entscheidender Bedeutung, weil sie dafür verantwortlich ist, in welche Richtung Du Dich bewegst. Nichts veranlasst uns, Dinge so zu sehen, wie wir es tun, außer uns selbst. Ich erkannte in diesem Traum, dass sich bereits so viel geändert hatte. Er war für mich zuerst ein wenig fremd und erzeugte in mir ein Gefühl der Unwirklichkeit, jedoch, je mehr ich in diese Situation eintauchte, desto mehr war ich gefesselt von diesem wahrhaftigen Zustand. Nun war es mein Gefühl, mich für diese Erfahrung zu bedanken, denn das Empfinden, wieder in mir selbst und an meiner Kraftquelle zu sein, war wieder bedeutender für mich geworden. Ich durfte innerhalb von Minuten zwei völlig verschiedene Sichtweisen in mir erleben und fühlte mich erstarkt. Die nächste Erkenntnis, welche ich dem Traum entnahm, war die Tatsache, dass man niemanden verurteilen oder anschuldigen sollte. Wir stecken nicht in der Gefühlswelt des Anderen und wissen nichts von dem, was in dem Anderen vorgeht, schon gar nicht, wenn unser Handeln und Tun nur Vermutungen entspringt. Ich durfte in diesem Traum erleben, wie mich jemand, der mir außerdem noch sehr nahe steht, verurteilte, obwohl die wahren Gegebenheiten ganz andere gewesen sind. Sicher hast Du so etwas schon selber erlebt und wurdest für Dinge verurteilt, welche sich in Wahrheit ganz anders zugetragen haben. Du selbst kannst eben nur den wahren Inhalt dessen, was Du selber empfindest und erlebst, ermessen und fühlen. Das, was Du meinst, über Andere zu wissen, sind auch oft Dinge, die wiederum durch Andere an Dich herangetragen wurden. Das ist eine aus Unwissenheit der Menschen weit verbreitete Tatsache, dass man andere Menschen einfach bewertet und verurteilt, ohne je in ihren Schuhen gesteckt zu haben.

Niemand kann mit solchem Verhalten den wahren Inhalt dessen, was tatsächlich in dem Anderen vorgeht, ermessen. Es tut Dir alles andere als gut, wenn Du Dich an solchen höchst spekulativen Verhaltensformen beteiligst. Über Andere zu reden ist leider zu einer der Lieblingsbeschäftigungen der Menschen geworden. Sich an Vermutungen und Verleumdungen zu beteiligen, zeigt aber allenfalls die eigenen Schwächen auf. Wem oder was nützt dieses Verhalten? Je mehr Du Dich mit den Anderen beschäftigst, desto mehr verlierst Du Deinen eigenen Weg. Diese Gegebenheit erzeugt in Dir negative Schwingungen in Deiner Balance. Diese Schwingungen wiederum manifestieren sich dann in Deinem Stausee und legen sich zu den bereits vorhandenen ungelösten Strukturen in Dir. Ich sprach am Anfang meines Buches darüber, wie Du durchlässiger wirst, um nicht ständig Einflüsse und Erlebnisse in Dir zu manifestieren. Eine Möglichkeit wäre auch, die Dinge beim Durchschleusen aufmerksamer zu betrachten, dann kannst Du Dich gegen das Eindringen von negativen Einflüssen schützen.

Wenn Du Dinge, die Du im Laufe Deines Lebens auf die Festplatte Deines Computers gespeichert hast, nicht mehr benötigst, dann löschst Du sie vielleicht unwiderruflich.

In unserer Programmierung läuft das allerdings anders. Du kannst einmal gesammelte Eindrücke, Erlebnisse und Daten nicht einfach so löschen. Diese Daten werden von Deinem Gehirn abgespeichert und in einem Deiner Speicher abgelegt. Mit der Aufnahme aller einzelnen Eindrücke und Erlebnisse empfängst Du auch etliche Informationen, die in Deinem inneren Stausee abgelegt werden. Dort bleiben diese abgespeichert und es gibt keine Löschfunktion, mit der Du die daraus entstandenen schmerzlichen Empfindungen einfach so löschen kannst. Immer wieder mal melden sich diese Daten in Dir und zeigen sich Dir als schmerzliche Begegnung. Sehr oft bestimmen diese Dinge bereits bei vielen Menschen ihr Leben und den Alltag. Dieser innere Stausee ist in seinem Fassungsvermögen sehr groß, jedoch hat die Aufnahmekapazität Grenzen, wie Du vielleicht schon öfter an Dir selber fühlen konntest. Wenn Du nicht in der Lage bist, die Schleusen Deines ganz persönlichen Stausees zu öffnen, um dem Druck entgegenzuwirken, dann entlädt sich ständig der volle Druck in Deinem System. Was das bedeutet, kannst Du Dir sicherlich gut vorstellen. Alles kreist ständig unsortiert und ungefiltert durch deinen Körper. Wenn Du nur einen Teil Deiner Aufmerksamkeit, mit der Du den vom Alltag bestimmten Dingen begegnest, nimmst und diese in Deinen Stausee lenkst, dann kannst Du schon mal sehen, dass es die Quelle des Schmerzes in Dir tatsächlich gibt. Tausche doch mal die Oberflächlichkeit, mit der Du dem Schmerz in Dir begegnest, gegen die Professionalität, mit der Du an die Alltagsdinge gehst! Auch wenn Du dies nur erst mal für einige Momente tust, wirst Du mehr sehen können und Dich besser verstehen lernen und auf das schauen, was Dich näher in Dein eigenes System lenkt. Wenn Du dann wieder neue Eindrücke und Erlebnisse filtern lernst und Dir dies alles genauer anschaust, dann wirst Du fühlen, dass vieles, was früher oft zu Deinem Stausee ungehindert durchgesickert ist, nun mehr Aufmerksamkeit erfährt. Das ist der Beginn eines bewussteren Empfindens. Eine neue Art der Begegnung mit Dir selbst. So wird Dir nicht mehr entgehen, was Dir begegnet.

Da also - wie gesagt - alles Erlebte abgespeichert wird, ist es keine geschickte Lösung, die Aufmerksamkeit gegenüber sich selbst nur sparsam einzusetzen. Nun gibt es ja so viele meist interessante und schnelle Eindrücke, die Dir begegnen. Leider ist es aber so, dass Du zu diesen Dingen keinen Zugang findest. Das kommt daher, weil Dir nicht nur natürliche Eindrücke begegnen, sondern Dir diese manipulierten und sich ständig wiederholenden künstlichen Eindrücke als eine Art ständige Hauptmahlzeit serviert werden. Der Verstand vergisst solche servierten Hauptmahlzeiten nicht und erhöht sein Verlangen nach ständig neuen Speisen. Diese Speisen werden dann immer öfter auf seiner Karte stehen. Nun könntest Du ja wieder lernen, Deine ureigenen Instinkte in Dir zu wecken und zu aktivieren. Du solltest davon abkommen, das zu glauben, was Andere Dir erzählen, was sie vielleicht auch nur erzählt bekamen. Wenn Du Dir Deine Eindrücke und das, was Dir begegnet, bewusster betrachtest, dann setzt Du in diesem Moment den Grundstein dafür, wie es sich anfühlen wird. Bewussteres Betrachten mag sich wohl vielleicht für Dich erst einmal anfühlen wie unnötig im Schmerz zu verweilen. Dem ist aber nicht so, denn jedes bewusste Verweilen an diesem Ort lässt wieder mehr Tiefe zu. Du wirst dann immer weniger Angst vor dem haben, was da geschieht. Du lernst dadurch, wieder mehr zu spüren, dass Du die Zügel selber in der Hand hältst. Durch das bewusste Betrachten der neuen Eindrücke und Erlebnisse, welche auf Dich einwirken, kann dann nichts Neues mehr zu Deinem Stausee gelangen. Wenn überhaupt, dann geschieht das nur noch in Momenten, wo Du ganz die Aufmerksamkeit aus dem Geschehen nimmst. Dann wirst Du sehen, dass es Dir gelingen wird, die Dinge, welche bereits in Deinem inneren Stausee liegen, neu zu betrachten und neu zu verarbeiten. Immer, wenn sich diese Dinge aus Deinem Stausee zu Wort melden, schaust Du sie Dir in Ruhe an und dann kannst Du entscheiden, wie Du damit weiter verfährst. Schickst Du sie wieder in Deinen Stausee und Deckel drauf, oder bist Du nun neugierig geworden und willst wissen, was wahrhaftig dahinter steckt? Sicher klingt das erst mal einfacher, als es wirklich ist. Es verlangt aber nicht einmal Selbstdisziplin, sondern nur Deinen Glauben an Dich selbst und gezielte Aufmerksamkeit. Nichts muss sofort und jetzt geschehen. Es kann, aber es muss nicht. Alles braucht seine Zeit, und immer, wenn Du konfrontiert wirst mit dem, was in Dir selbst im Verborgenen schlummert, kannst Du erkennen, ob sich im Vergleich zum letzten Mal oder an den Situationen davor bereits etwas geändert hat. Meistens erkennt man eine Veränderung erst, wenn man zwei Daten zugrunde legt, welche etwas länger auseinander liegen. In größeren Zeitabschnitten lassen sich Erfolge und Veränderungen besser fühlen. Bei Einigen geht es schneller, bei Einigen dauert es länger. Der einzige Grund, warum das so ist, ist der, dass wir alle einzigartig sind. Du wirst jedes Mal spüren, dass es sich anders anfühlt. Was vorher noch wie ein Betonklotz in Dir lag, fühlt sich dann schon vielleicht erheblich leichter an. Bleib stets geduldig und bei Dir und lasse Dich nicht durch

Dein Ego verführen, welches immer wieder versucht, Dich in die alte Struktur zu ziehen und Dich dort zum Verweilen einlädt. Dein Ego tut dies oft auf verführerische Art und Weise, und dem zu widerstehen ist am Anfang keine leichte Aufgabe. Versuche keinen Widerstand zu leisten, denn davon ernährt sich Dein Ego. Es ist auch wieder eine Art Hauptmahlzeit für Dein Ego. Denke immer daran, dass alles, was in Dir ist, auch zu Dir gehört. Wenn Dein höheres Selbst erscheint, dann wirst Du schnell fühlen, dass ein riesiger Veränderungsprozess in Dir stattfindet. Vorher konntest Du diese Veränderungen nicht einmal ansatzweise so intensiv fühlen. Nun wirst Du fühlen, dass alles sein kann, weil Du selber darüber entscheidest, ob es so ist und nicht die Anderen. Du lernst dann wieder, Dich selber zu führen und Dich nicht ständig führen zu lassen. Niemand wird Dir mehr irgendetwas erzählen und Du nimmst es so an. Nein, Du wirst in der Lage sein, Dich dem Universum zu öffnen und Deine Strahlen zu versenden, wann immer Dir danach ist. Du wirst Ängstlichkeit, Scheu, Abhängigkeit, Mittellosigkeit, Einsamkeit nicht länger als schrecklich empfinden, sondern Du wirst erfahren und erleben, dass alles, was war und was ist und was kommt, zu Deinem ureigenen wundervollen Prozess gehört, welchen Du durchleben darfst. Nimm es an und schaue es Dir an, denn auch wenn es schmerzt und weh tut, es ist der einzige Weg der Heilung. Du wirst dadurch auch wieder mehr Vertrauen gewinnen und Dich dadurch weiter öffnen können. Dann wirst Du sehen, dass sich Zweifel und Ängste ganz anders anfühlen und sich ihre Bedeutung ebenfalls verändern wird. Nichts ist gegeben. Nichts ist sicher. Nichts steht still. Alles ist in ständiger Bewegung. Sogar Häuser und Gegenstände bewegen sich mit den Kontinenten. Sie driften auseinander oder bewegen sich aufeinander zu. Es hat also seinen Sinn, dass sich alles verändert. Du wirst, selbst wenn Du meinst, ständig den gleichen Alltag zu erleben, bei genauerem Hinschauen so viele Details entdecken, welche sich ständig verändern. Wenn Du meinst, in einer festgefahrenen Situation zu stecken, ist es schon längst die Aufforderung zur Veränderung und nicht zum weiteren Festkleben in immer der gleichen Situation. Niemand möchte sich ein Leben lang ein und dasselbe Foto anschauen. Erweitere Dich durch Bewegung und Veränderung. Selbst wenn Dir nun einige Dinge wiederholt begegnen, wird jedes Mal mit Deinen Bewusstseinssprüngen ein anderer Eindruck entstehen, ein anderes Empfinden zugrunde gelegt. Diese spürbaren Prozesse sind die Auferstehung Deines ganz persönlichen Ich, Deinem ruhenden Selbst. Wenn Du Deine Werkzeuge wieder nutzen lernst, dann wird der Inhalt Deines Stausees wieder zu einer Fülle von Einzigartigkeit erwachsen. Du wirst erkennen, dass alle diese Dinge etwas Gemeinsames haben. Sie sind Teil Deines ganz persönlichen Weges. Ein Weg, der aus all dem besteht, was war, was ist und was sein wird. Das bedeutet für Dich, sehr wach zu sein und sehr aufmerksam. Aufmerksamkeit und die damit verbundene Intensität sind Worte, welche Dir auf den letzten Seiten vielleicht schon einige Male begegnet sind. Diese Worte werden immer mehr eine vielleicht jetzt noch nicht so fühlbare Besonderheit für Dich widerspiegeln. Diese Worte haben nicht nur viel Bedeutung, nein, sie werden für Dich ungemein wichtig werden auf Deinem Weg. Lenke Deine Aufmerksamkeit mehr auf die Aufmerksamkeit. Gib Deiner Intensität durch mehr Intensität noch mehr Gewicht. Die Doppeldeutung der Worte ist eine sehr kraftvolle Untermalung der Tatsache, dass Du all das eben schon besitzt, aber nicht nutzt. Wenn ich Dir nun sage, geh doch mal raus und schau Dir nicht nur die Welt an, sondern schau sie Dir an! Rieche doch mal nicht nur an den Blumen, sondern rieche die Blumen. Nicht sehen, sondern sehen! Nicht fühlen, sondern fühlen! Spürst Du bereits in der Aufforderung, dies tun zu dürfen, den Unterschied des Gewichtes in ein und demselben Wort, nur anders wahrgenommen? Es geht nicht nur darum, etwas zu tun, von dem Du glaubst, es tun zu können oder zu müssen. Es geht um Deine Empfindung, um Deine Aufmerksamkeit, um Deine Intensität, die Du den Dingen entgegenbringst. Du könntest doch auch ebenso gut fühlen, ohne zu hinterfragen oder zu beurteilen. Das wäre ein sehr wichtiger Schritt. Ich sprach bereits in den vorherigen Seiten darüber, und wenn Du das Gefühl hast, ich würde mich in einigen Abschnitten wiederholen, dann überprüfe doch mal genau an Dir selbst, ob Dir nicht schon bereits das zuletzt Gelesene mit einem ganz anderen Verständnis begegnet als das zuvor Gelesene. Deine Empfindungen könnten sich ja bereits in ein höheres Verständnis gewandelt haben, oder? Das könnte doch gut möglich sein. Wenn dies so ist, dann empfängst Du damit vielleicht bereits die eine oder andere vom höheren Selbst geprägte Information. Du wirst erleichtert und erstaunt feststellen, dass Du nicht alleine bist mit dem, was Du fühlst. Jemand spricht Deine Sprache und drückt Dein Befinden in Worten aus. Ist das nicht befreiend? Gedanken und Gefühle in Worte zu fassen, sodass man sich selber darin wiedererkennt, ist mitunter gar nicht so einfach. Es ist eine ganz eigene Sprache, die Du da erlernen darfst. Du kennst das sicher. Da schreibst Du etwas, zerreißt es wieder, verbesserst es etliche Male, fragst Andere um Rat und bist dennoch verunsichert, ob das Geschriebene so genau das ist, was Du ausdrücken möchtest. Wenn Du dann etwas zum Lesen bekommst oder selber gekauft oder geliehen hast, worin Du Dich beim Lesen so oft selber wieder entdeckst, dann sagst Du Dir selbst, das ist ja verrückt, das ist ja unvorstellbar, das ist genau das, was ich fühle. Das ist genau das, was mich bewegt. Du sagst vielleicht noch voller Enthusiasmus, das muss ich weiter erzählen. Du tust das dann vielleicht auch und erzählst dem Anderen Deine Empfindungen über das Gelesene und bist dabei völlig befreit und aufgelöst. Du hoffst, dass der Andere dieses Gefühl mit Dir teilen kann oder genauso erstaunt ist. Vielleicht ist er es ja, aber oft bekommst Du auch eine ganz andere Reaktion. Vielleicht wirst Du gefragt, so etwas liest Du? Daran glaubst Du? Du kannst niemanden in Deinem Erleben so anheben, dass er dort steht, wo Du fühlst und empfindest. Es ist Deine eigene Empfindung, Dein eigenes Erlebnis. Du kannst es zwar teilen, indem Du ein „mit" davor setzt, also mitteilen, aber nicht teilen. Du bist in dieser Situation des Erlebens voll und ganz im Hier und Jetzt gewesen. Dich haben keine Gedanken oder anderen Dinge benetzt. Du warst wach und am Ort des Geschehens. Diese Momente gehören allein Dir, und Du darfst sie völlig unabhängig davon betrachten, was Andere dazu sagen oder meinen. Du hast dieses Buch entdeckt, oder es hat Dich entdeckt. Du hast das Buch bis hierher gelesen und alles, was das Buch gemacht hat, war und ist die Aktivierung des ureigenen Systems. Du bist bewusster in die Situation gegangen. Bewusstseinsveränderungen haben kein Zeitfenster. Sie unterliegen der Summe aus Intensität, Aufmerksamkeit, Betrachtungsweise und Erfahrung. Jede neue Erfahrung, welche Du mit dem nötigen Maß an

Tiefe in Dich lenkst, summiert sich wieder zu erneuten Bewusst-seinssprüngen. Alles sind Schritte, alles sind Prozesse, alles sind Reichtümer. Wenn Du beobachtest, dass die Tatsache, Erlebnisse mit Anderen teilen zu wollen und nicht den gewünschten Tenor zu erzielen, Zweifel in Dir aufkommen lässt, dann vergleiche doch mal Deine Empfindungen mit Deinen Zweifeln. Was hat sich denn stärker und präsenter angefühlt. Du bekommst das raus, denn Du bist bereits bewusster. Die Bedeutung liegt doch in der Tatsache Deines Erlebens und nicht in der Wertung der Anderen darüber. Teile Dich mit, wenn Du magst, aber tue dies nicht in der Erwartung auf eine Reaktion, sondern völlig erwartungsfrei. Lasse nur zu, wieder nach und nach die Freiheit in ständig steigender Form zu fühlen, welche Dich trägt. Niemand kann Dich besser verstehen als Du selbst. Jeder, der dieses Buch liest oder andere Lektüre auf dem Weg zu einem höheren Bewusstsein, wird sich immer mehr in der Wahrhaftigkeit wiederfinden. Dass ich in der Gesamtheit eine Masse anspreche, welche unterm Strich das Geschriebene als ihr Thema betrachtet, hat nichts damit zu tun, dass jeder Einzelne ganz andere Empfindungen und Wahrnehmungen hat. Zwei Menschen zur gleichen Zeit am selben Ort werden ganz unterschiedliche Empfindungen haben. Darauf kommt es auch gar nicht an, denn Deine Erlebnisse und die Tiefe, mit der Du sie zulässt, sind doch nicht davon abhängig oder sollten es nicht sein, was Andere dazu sagen oder davon halten. Sagte ich das schon? Na gut, Du weißt ja bereits, warum ich mich gerne wiederhole. Wenn Du nun aufmerksam genug die letzten Zeilen gelesen hast, dann hast Du ja die Möglichkeit, denselben Worten mehr Tiefe zu geben, bereits verstanden. Wenn nicht, ist das auch kein Problem, denn ich nenne Dir hier keine Rezepte, sondern ich möchte Dich mitnehmen auf dem wundervollen Weg, den wir uns selber wundervoll machen und dessen Inhalt an wundervollem Geschehen uns niemand streitig machen kann. Von dem, was Du erleben und empfinden darfst, ist genügend da, und der Vorrat an diesen göttlichen Begegnungen ist unerschöpflich. Es gibt keinen Anfang und auch kein Ende. Es gibt nur Bewegung und Veränderung. Seien wir alle dankbar, dass es Veränderung gibt, denn ohne Veränderung wären wir permanentem Stillstand ausgesetzt. Durch Veränderung wird die

Schönheit der alten Welt von der neuen Welt erhalten und in noch prächtigeren Farben erscheinen. Was Dir für immer bleibt, sind der Moment und dessen Schwingungen. Diese Schwingungen versetzen Dich ins Bewusstsein, die neue Welt nicht nur anzunehmen, sondern an ihrer Neugestaltung mitzuwirken. Auch Du wirst Samen der Erleuchtung streuen dürfen. Du darfst diese in jeden Winkel dieser Welt tragen. Sie werden dort wachsen, wo bereits höheres Bewusstsein vorhanden ist. Das werden immer mehr Orte werden, und das ist keine Zukunftsmusik, sondern sehr zeitnahe Wirklichkeit. Vielleicht kommt es Dir noch sehr fern vor und unverständlich. Das macht aber gar nichts, denn es kommt wahrlich nicht darauf an, was Du meinst, zu verstehen, sondern was Du glaubst, zu verstehen. Einen universellen Weg der Erleuchtung gibt es nicht. Es gibt aber Anhaltspunkte, welche Dir bei der Wiederfindung des Ursprungs helfen können. Grundvoraussetzung des Erwachens und damit verbundenen Fühlens ist eine Erhöhung des Bewusstseins. Erwachsen kann dies nur in Dir selbst. Sehr wichtig für diesen Prozess ist die Wiederfindung der Selbstliebe. Sich wieder selber zu lieben und zu respektieren leitet den Reinigungsprozess ein und versetzt Dich in den Ausgangspunkt Deiner Bestimmung. Was Deine ganz persönliche Bestimmung ist, findest Du ganz alleine heraus. Du wirst es fühlen, wenn es soweit ist. Um einen Bewusstseinssprung zu erleben, sollte schon mal alles ausscheiden, was Deine Sichtweise einschränkt. Fortschritte kannst Du auch mitunter bereits daran erkennen, inwieweit Du auch andere Meinungen und Ansichten respektierst, ohne diese zu beurteilen oder gar zu verurteilen. Alles, was Du meinst, in dem Anderen zu sehen, ist ein Spiegel Deiner selbst. Es zu verurteilen, zu beurteilen oder nicht verstehen zu wollen bedeutet, sich selber zu verurteilen. Du solltest völlig wertungsfrei gegenüber Deinen und den Schwächen Anderer sein. Es sind eh nur vorübergehende Erscheinungen, welche vom jeweiligen Moment abhängig sind. Dafür musst Du Deine geistige Energie nicht verschwenden. Also bleibe bei DIR und schau Dir DEIN Leben an. Du darfst herausfinden, wo Du Energie einsparen kannst. Wertvolle Energie, die Du dann in Deine von Erkenntnissen und Wellen geprägte Zeit legen darfst. Bedingt durch alte Strukturen und Dir bekannte Muster hat das, was in Deinem Leben auf Dich eingewirkt hat, manchmal tiefe Gräben hinterlassen. Alles, was Du denkst und fühlst, ist ein Produkt dieses Umstandes. Allerdings wirst Du bewusster mit den Dingen umgehen müssen, um zu wachsen. Alle Energie, welche bisher in Deinen Alltagsdingen verloren ging, solltest Du nun in Dein höheres Selbst investieren. Dann kannst Du völlig neue Flüsse erschaffen und somit die alten unreinen Flüsse trockenlegen. Wenn Du das bewusst wahrnehmen kannst, dann werden Dich Deine neuen Flüsse zu Deinem inneren Stausee führen. Hier kannst Du dann beginnen, Deinen Stausee trockenzulegen. Gib den Dingen aber stets die Zeit, sie im richtigen Tempo zuzulassen. Du wirst nicht einfach so die Schleusen öffnen können in der Annahme, alles mit einem Mal loszuwerden. Setze Dich nie unter Druck, denn alles, was Du auf dem Weg erlebst, gehört dazu. Ob es Schmerz ist, den Du fühlst, oder diese befreienden Momente. Du benötigst diese Polaritäten, um wachsen zu können. Schaue Dir alles genau an, was Du erlebst. Glaube nicht, dass es das Rezept ist, den Schmerz zu ignorieren, oder ihm immer die gleiche Geschichte zu widmen. Er zeigt Dir genau das, was Du wissen musst, um in ein höheres Bewusstsein zu gelangen. So unsinnig es auch noch für Dich klingen mag, aber der Schmerz wird Dich stärken. Da Du täglichen Denkprozessen ausgesetzt bist, entziehst Du Dir selbst das Leben in den Momenten. Alles, was nicht in den Momenten, also im Jetzt stattfindet, wird vom Denken regiert und damit zur Nahrung für das Ego. Da Dein gesamtes Leben bisher vom Denken bestimmt gewesen ist, werden die Momente, in denen Du im Jetzt verweilen darfst, Deine ganze Aufmerksamkeit fordern. Je bewusster Du Dir bist, je öfter Du im Jetzt verweilst, desto mehr entziehst Du Deinem Ego die Nahrung. Doch sei Dir gewiss, das Ego kennt genügend Tricks und Fallen, um Dich immer wieder zu fangen und auszutricksen. Dein Ego ist so raffiniert, dass Du Dich sehr warm anziehen kannst, wenn Du ihm begegnest. Nutze also Deine täglichen Denkpausen, um völlig präsent zu sein. Erfühle Dir, wann immer es geht, die Momente, in denen Du imstande bist, im Jetzt zu leben, und dann nutze diese Momente. Alles, was Du benötigst, ist Deine ganze Aufmerksamkeit. Durch die ständigen Einflüsse, denen Du ausgesetzt bist, entsteht eine Empfindungsmischung. Es sind Empfindungen, deren Inhalt Freude oder Schmerz sein kann. Dir all das anzuschauen und zu erfühlen sollte Dein Bestreben sein. Vielleicht versuchst Du, dem Schmerz aus dem Weg zu gehen, um Dich ausschließlich an der Freude zu laben. Dein Schmerz bekommt Deine Aufmerksamkeit in Form von Sorge oder Angst. Du suchst nach Erklärungen und fragst Dich: Was ist mit mir? Wenn Du meinst, dass der Schmerz zu stark ist, dann suchst Du vielleicht Hilfe bei einem Arzt oder engen Bekannten.

Oftmals sind Befindlichkeitsstörungen, welche aus Deiner Mitte kommen und nicht Ursache eines Unfalls sind, schon ein Teil von Dir geworden. Natürlich geschehen auch Unfälle nicht nur einfach so. Sie sind Teil einer Abfolge von Ereignissen, welche immer zum Zeitpunkt des Geschehens eine Botschaft tragen. Dein Schmerz ist bereits ein sich ständig wiederholender Prozess, welcher Dir begegnet und mit welchem Du vielleicht bisher von einem Arzt zum nächsten Therapeuten geschickt wurdest. Du begibst Dich in die Obhut derer, die auch nicht besser wissen können, was aus Deiner Tiefe zu Dir spricht. Niemand kennt Dich besser als Du selbst. Sicher möchte ich hier nicht die fachliche Kompetenz von Ärzten anzweifeln, wenn es darum geht, eine Diagnose zu erstellen. Aber selbst, wenn etwas sichtbar ist, dann heißt es noch lange nicht, dass es so sein muss, wie man es Dich glauben lassen möchte. Viel zu viele Faktoren sind nötig, um alles sicher zu beurteilen. Selbst wenn Du nach einer Operation wieder einen Zustand der Besserung fühlst, ist immer noch die Frage offen, woher aus Deiner Tiefe diese Störung kam. Es ist immer ratsam, sich nicht nur auf das Wissen und die Kompetenz anderer zu veranlassen, sondern sich seine Lebensumstände genauer zu betrachten. Hier findest Du meist die Ursache Deiner Störungen. Das ist sehr wichtig, um genau fühlen zu können, was hinter Deinem Schmerz steht. Alles, was in Dir bereits ein Unbehagen erzeugt, wenn Du es betrachtest, kann winziger Baustein einer sich aneinanderreihenden Kette von ungünstigen Umständen sein, welche Auslöser Deines Schmerzes sind. Wenn Du weißt, wer Du bist und was mit Dir geschieht, dann bist Du immer bestens vorbereitet und wirst Dich nicht ausschließlich auf das verlassen, was Andere Dir erzählen. Dazu musst Du Dich auf die Reise in Deine Mitte begeben. Schau Dich selber intensiver an. Du benötigst dazu keine medizinischen

Fähigkeiten. Es geht um das Fühlen in Dir selbst, was nur Du so erleben kannst. Es findet in Dir statt. Du solltest in erster Linie Dir selber vertrauen, denn Du kennst Dich am besten. Alles andere wird für Dich oftmals immer wieder in einer Sackgasse enden. Wenn Du lernst, dass Schmerz eine Herausforderung ist, dann wirst Du ihn nicht länger als etwas empfinden, was Dich nur quälen möchte. Du wirst lernen, ihn anzunehmen und ihn zu betrachten. Vielleicht kommt Dir am Anfang alles etwas abstrakt und unwirklich vor. Das ist aber nicht von langer Dauer und verliert sich im Laufe der Zeit. Dein Ziel sollte nun sein, Dich von den Zwängen Deiner Vergangenheit zu lösen. Diese Zwänge sind auch nur Gesandte Deines Verstandes, welche von ihm in Deine innere Umlaufbahn geschickt wurden, um an möglichst vielen Orten in Dir gefechtsbereit zu sein. Solange Zwänge, Ängste, Misstrauen und Zweifel Dich beherrschen, erschwert sich Dein Weg. Solange Du die Wahrheit nur im Alltag mit seinen Regeln und Gesetzen suchst, bleibt die große Wahrheit in Dir im Verborgenen. Du wirst nur in Erleuchtung und reiner Wahrheit leben, wenn Du Dich dem Alltag so oft wie möglich versuchst zu entziehen. Wenn Du dann aus dieser Sicht den Alltag betrachtest, mag er vielleicht für andere noch Sinn machen, da sie ja noch glauben, nur hier ihre Antworten zu finden. Für Dich hingegen verblasst dieser Glaube daran Stück für Stück. Wenn Du so lernst, mit einem höheren Bewusstsein an diese Dinge heranzutreten, dann ergibt sich eine ganz andere Sichtweise. In diesem Zusammenhang wirst Du spüren, dass Verständnis und Scharfsinn eine nie so dagewesene Präsenz darstellen. Dein persönlicher Weg ist immer ein lichtdurchfluteter Prozess, dessen Bahnen unaufhörlich Dein Bewusstsein kreuzen. Uns allen bleibt es vorbehalten, diesem Weg das Maß an innerer und äußerer Aufmerksamkeit zu geben. Wenn Du Entscheidungen in Deinem Leben triffst, dann sollten diese ein gewisses Wohlgefühl in Dir auslösen. Wenn das nicht der Fall ist, dann schaue Dir Deine Entscheidung noch einmal an! Du darfst nicht vergessen, dass die Entscheidungen, welche Du aus einer Alltagssituation heraus triffst, auch mit Kompromissen behaftet sein können. Dies bedeutet, dass Du eine Entscheidung getroffen hast, welche Dir in der Lage des Alltags augenscheinlich keine andere Wahl gelassen hat. Dieses sind ebenfalls alles Andere als in

Freiheit vollzogene Abläufe. Es sind weitere Anhäufungen von Bergen, welche Deine Sichtweise verzerren und Dir den Weg zu Deinem wahren Selbst und zum höheren Bewusstsein versperren. Leider ignorierst Du diese Wahrheit aus Deiner Mitte mit pausenloser Wiederholung, sodass es Dir keinen Atemzug lang möglich ist, im Jetzt zu verweilen. Der Beginn der Veränderung in Dir muss nicht immer für Dich gleich fühlbar sein. Er ist auch an keine bestimmte Situation gefesselt. Er beginnt dann, wenn dein höheres Selbst das Feuer der Verzerrtheit aus alten Strukturen erstickt. Das ist der Weg der Erleuchtung, welcher Dich aus der Dunkelheit ins Licht führt. Du wirst fühlen, dass Du den Schlüssel zu Deiner Wahrheit ganz fest in Deinen eigenen Händen hältst. Dein Schlüssel, der Dir dann nicht mehr verloren geht, weil Du gelernt hast, ihn zu benutzen. Dann beginnt diese Reise ohne Kompromisse und Lügen. Es ist eine Reise voll von Wahrhaftigkeit, Licht und farbenfrohen Eindrücken. Eindrücke, welche dann völlig unvernebelt zu dir vordringen können. Nun wirst Du Dich nicht mehr dazu benutzen lassen, das zu glauben, was andere Dir erzählen. Alles, was Du selber glaubst und was man Dich glauben lässt, hat außer dem Wort nichts miteinander gemein. Vorstellungskraft endet nicht dort, wo Glauben beginnt, Liebe endet nicht dort, wo Unverständnis seinen Anfang hat. Alles geht farbenprächtig ineinander über und erzeugt wellenartige Auf- und Abbewegungen, wenn Du es zulässt. Weißt Du, was ich meine? Mit dieser Sichtweise erhalten die Dinge ganz andere Farben und Muster. Sie geben einem nicht das Gefühl, ob etwas passt oder nicht oder ob sich etwas gut oder nicht gut anfühlt. Auch Du darfst Deine Eindrücke auf diese Weise betrachten.

Der eigentliche Bewusstseinssprung findet ja nicht in dem Sinne statt, dass Du ihn mit einem Mal plötzlich als totale Befreiung empfindest. Sicher, er kann und wird befreiend sein, aber es kommt auf den Weg an und nicht auf das einzelne Ereignis. Dieses ordnet sich in die Kette der Ereignisse ein und ergibt dann einen Teil der Summe des Weges. Es wird viel mehr von Bedeutung sein, was Du siehst und was Du erkennst. Der Glaube in Dir ist Dein persönlicher Schlüssel, den Du besitzt. Mit ihm kannst Du Türen und Tore öffnen. Dann fühlst Du eine ganz andere, viel intensivere Aufmerksamkeit in Dir. Es könnte doch sein, dass gerade Du, der dies jetzt liest, versuchst, in meinen Zeilen den Schlüssel zu finden. Dort ist er nicht, denn er ist in Dir und war auch immer dort. Dein Wille, etwas zu tun, ist einzig und allein abhängig von dem, was Du sehen kannst und was Du weißt. Doch genau hinter diesem Wissen und hinter dem, was Du sehen kannst, steckt die noch größere Weisheit, und dort ist der Schlüssel.

Nehmen wir mal an, Du bist Raucher und könntest Dir bereits vorstellen, es Dir abzugewöhnen. Vielleicht hast Du es auch schon versucht und bist dann wieder in eine alte Struktur verfallen und hast es nicht lange geschafft, der Sucht zu widerstehen. Vielleicht bist Du auch gerade dabei, es Dir abzugewöhnen. Einzig Deine Gedanken sind von entscheidender Bedeutung. Wenn Du es zum Beispiel schon einmal geschafft hast und der Abhängigkeit wieder verfallen bist, dann hast Du etwas getan, dessen Tragweite Du spätestens dann erfährst, wenn in Dir die Kraftquelle emporsteigt, es erneut zu versuchen. Du wirst Dich an den Schmerz erinnern, der bei Deinem ersten Versuch vielleicht unendlich viele leidvolle Momente erzeugte. Genau das ist der Punkt. Du hast etwas erfahren, was sich schmerzhaft anfühlt oder anfühlte, und nun kommt noch diese Angst dazu, dies wieder zu erleben. Die Angst gesellt sich zu den Abhängigkeitsmustern hinzu und summiert nun das Gefühl des Schmerzes. Vielleicht glaubst Du das alles, aber nur, weil andere es so erzählt haben oder weil Du denkst, dass es wieder genauso geschehen muss. Wer sagt Dir, dass es so sein wird? Niemand außer Dir selbst, denn alles, was Du glaubst, was in der Zukunft geschehen könnte, was andere Dir erzählen oder was Deine Erfahrungen gewesen sind, muss doch nicht wieder so sein. Alles ist ein Produkt Deiner Gedanken, die dahinter stehen. Wenn Du glaubst, dass etwas so geschieht, dann wechselt der Glaube in das Geschehen und präsentiert sich Dir als das Produkt dessen. Dies wird sich je nach Intensität des Glaubens in die Intensität des Geschehens wandeln. In gewissem Sinne gibst Du Deinem Verstand wieder Nahrung. Vielleicht spürst Du ja, dass in meinen Worten Wahrhaftigkeit steckt. Nun geh den nächsten Schritt und beantworte mir, wenn Du magst, die Frage, wer Dich hat glauben lassen, dass Du abhängig bist. Das warst und bist Du selber, niemand sonst. Niemand hat normalerweise die Macht, Deinen Glauben zu beeinflussen, denn Dein persönlicher Glaube ist ein Teil von Deinem höheren Selbst. Du bist nur abhängig, weil Du glaubst, es zu sein. Vielleicht, weil dieses Wort in der Gesellschaft geprägt wurde, um etwas darzustellen, was nicht gesund ist, oder vielleicht einfach nur, weil viele das so sehen. Es könnte doch sein, dass Dich genau das blockiert. Jetzt möchte ich Dir sagen, dass Du nicht abhängig bist, es sei denn, Du glaubst daran. Es ist ein Eindruck, den Du nicht selber gewonnen hast, sondern der sich irgendwann mal so in Deinen Denkmustern manifestiert hat. Sicher tust Du etwas, was absolut ungesund und unnatürlich ist. Das möchte ich auf jeden Fall hervorheben, aber ob es deswegen Abhängigkeit ist, darfst Du selber entscheiden. Ich sage, dass es nicht gesund ist und dass genau dieser Umstand, dass alle es als Abhängigkeit bezeichnen, als eine Art Blockade fungiert. Führe Dir einzig und allein vor Augen, dass das Rauchen Deine Gesundheit gefährdet. Das reicht, denn das Wort Abhängigkeit hält auch oftmals als Motiv dafür her, dass es so schwer ist, sich das Rauchen abzugewöhnen. Wenn Du selber nicht daran glaubst, abhängig zu sein, wird Dir das eine Hilfe sein, diese ungesunde Lebensweise aufzugeben. Ich nannte dieses Beispiel, um Dir die Kraft des Glaubens zu vermitteln, welche für die Sicht der Dinge von erheblicher Bedeutung für Dich sein sollte. Du trägst eine ganz eigene innere Wahrheit, welche Dir auch ganz eigene Erfahrungen schenken wird, wenn Du darauf vertraust. Nimm nicht das als gegeben, was andere Dir zutragen, sondern lerne, Dir selbst zuzuhören! Lausche Deiner inneren Stimme und entdecke wieder das ICH in Dir. Das höhere Selbst, das Dich trägt. Es soll Dich wieder ermutigen, mehr von dem in Deine persönliche Waagschale zu legen, was in Dir selbst zum Glauben erwacht. Du kannst vieles von dem, was Du glaubst, zu Deiner ganz persönlichen Theorie machen. Du kannst völlig losgelöst von dem, was Du an Eindrücken gewinnst, Deinen ganz persönlichen eigenen Glauben entwickeln. Was Dich in der Mitte sein lässt, sind gewiss nicht die Dinge, die Dir immer wieder Schmerz vermitteln, aber es sind die Dinge, die aus dem Schmerz entstehen, wenn Du Dir bewusst genug bist. Selbst der Wille, Dich einem ständig wiederkehrenden Prozess zu entziehen, indem andere Dir vermitteln wollen, was gut oder schlecht für Dich ist, ist bereits ein bewusster Prozess. Wenn Du Dir mal

Ohrenschützer aufsetzt und dadurch alles, was Du sonst hörst, mit einem Mal im Nichts verschwindet, dann hast Du nur noch Deine innere Stimme im Kopf, welche Du wahrnimmst. Es ist niemand da, der Dir etwas zutragen kann oder seinen Glauben an Dich heranträgt. Jetzt kannst Du in Deine Gedanken schauen und wirst vielleicht fühlen, dass da alles durcheinander fliegt, was Dir an Eindrücken und Erlebnissen im vergangenen begegnet ist. Es sind so viele Dinge, die Dir andere erzählt haben oder die Du gehört hast. Das Leben und seine Kommunikationsebenen vermitteln Dir Unmengen davon. Glaubst Du vieles davon? Schließe doch mal die Augen und stelle Dir eine Sonne vor. Was glaubst Du denn, wodurch diese Vorstellung gespeist ist? Allein von dem, was Du über die Sonne gehört und gelesen hast, mehr nicht. Du kannst die Sonne in Deinen Gedanken sehen, weil Du weißt, dass es eine Sonne gibt und weil Du sie am Himmel findest. Nun sage ich Dir, male doch mal die Sonne!

Dann malst Du vielleicht einen Kreis, den Du gelb ausfüllst. Vielleicht sogar noch mit Strahlen an dem Kreis. Zeichnest Du die Sonne aus Deiner Phantasie, oder weil Dir diese Form von anderen Zeichnungen oder Symbolen in Deiner Vorstellung hängen geblieben ist? Die Antwort darauf ist von zwei völlig verschiedenen Ebenen gespeist. Einmal könntest Du die Sonne so zeichnen, wie Sie Dir in Deiner ganz eigenen persönlichen Vorstellung erscheint, und einmal so, wie Du es gelernt hast. Was weißt Du wirklich über die Sonne? Du kannst also sehen, dass sich im Moment vielleicht beide Ebenen in Dir zu einem an Dich von außen herangetragenen Bild geformt haben. Vielleicht hast Du es nicht gelernt, eigene Theorien zu entwickeln. Erschaffe Dir wieder Deine eigenen Theorien! Wenn Du kein Mitläufer sein möchtest, der sich von dem leiten lässt, was Dir zugetragen wird, dann erschaffe Dir aus Deinem Glauben und Deinen Erfahrungen Deinen ganz eigenen Lebensfilm. Lasse Dich von Deinem Strahl leiten! Glaubst Du das, was Du liest, oder liest Du das, was Du glaubst? Das ist ein sehr bedeutender Unterschied, denn was sich für Dich im Moment vielleicht wie ein Wortspiel anfühlt, welches gleichen Inhalts scheint, liegt in Wahrheit völlig unterschiedlichen Denkansätzen zugrunde. Du kannst den Satz so oft wiederholen, wie Du möchtest, der Inhalt wird sich nicht ändern.

Nur wenn Du einmal tiefer in den Satz schaust und ihn noch einmal auf Dich wirken lässt, dann könntest Du vielleicht schon den Unterschied fühlen, der diesem Wortspiel anhaftet. Wenn Du weißt, was Dir guttut, dann wirst Du auch in erster Linie nur das lesen wollen, was Du glaubst. Wenn Du glaubst, was Du liest, dann gibst Du Dich Illusionen hin, deren Wahrheitsgehalt Du nicht imstande bist, abzuschätzen. Du vertraust auf das, was Du da liest, anstatt Dir zu vertrauen. Nun könntest Du ja sagen, dass ich auch nur schreibe, was Ihr glauben sollt. Wenn ich Dir einen von bestimmt vielen Wegen aufzeige, wie Du es schaffen kannst, wieder in Deine Mitte zu gelangen, dann mögen die einzelnen Wege für jeden reine Erfahrung oder Empfindungssache sein. Das Du aber den Glauben an Dich selbst wiederfinden kannst, indem Du aufmerksam im Hier und Jetzt lebst, ist eine Gegebenheit, deren Entfaltung Du genau dann fühlen kannst, wenn Du diesen Schritt gehst. Es liegt mir nichts ferner, als Dich zu etwas zu verführen, was Du in diesem Moment vielleicht noch nicht erleben kannst. Dieser Moment wird Dir dann begegnen, wenn es soweit ist. In zahlreichen meiner vergangenen Begegnungen, welche ich erleben durfte, habe ich Erfahrungen machen dürfen, deren Tragweite ich zu diesem Zeitpunkt des Geschehens recht selten abschätzen konnte. Alle Antworten zeigten sich meist erst später. Manchmal sogar viele Jahre später. Du wirst vielleicht bemerkt haben, dass ich von „dürfen" sprach anstatt von „müssen". Wenn Du das Gefühl hast, erleben zu dürfen, dann siehst Du die Welt mit ganz anderen Augen. Wenn Du die verschiedenen Worte auf Dich wirken lässt, dann kannst Du wohl spüren, dass sie eine viel größere Intensität im Zusammenhang mit dem Fühlbaren haben. Es sind dann Worte, die Du wählst, welche dem Gegebenen viel mehr Ausdruck, Gewicht und Stärke verleihen. Es ist schon deshalb sehr wichtig, dem Geschehen höchste Aufmerksamkeit entgegenzubringen. So wird unsere tiefe Wahrheit nach außen getragen. Deinen Begegnungen und Lebensumständen mehr Ausdruck und Tiefe zu verleihen, indem Du Dir bekannte Worte durch von Dir selbst gewählte, tiefere Worte ersetzt, ist eine erste Aufgabe, der Du Dich stellen darfst. Nichts läuft Dir einfach nur so über den Weg. Weißt Du auch, warum? Das Nichts kann man nicht fühlen, spüren oder sehen. Das Nichts ist der unendliche Raum, dessen Inhalt alles andere, was seinem Gegenteil entspricht, ausmacht. Also wird Dir nie nichts begegnen. Es wird Dir immer irgendetwas begegnen, denn wenn Dir nichts begegnen würde, könntest Du es nicht fühlen. Du fühlst nur das, was das Nichts beinhaltet. Das ist gar nicht so kompliziert, wie es vielleicht scheint. Das Nichts ist also alles, was Du nicht fühlen, spüren, oder sehen kannst, und genau in diesem Nichts finden alle anderen Dinge ihren Ursprung. Das zu verstehen ist nicht komplizierter, als eine mathematische Aufgabe zu lösen. Es gibt da nur einen Unterschied von ganz besonderer Tiefe. Das Verstehen auf mathematischer Ebene unterliegt vorgegeben Lösungswegen, welche durch Überlieferungen und Vereinheitlichungen von Gelehrten in richtig, oder falsch aufgeteilt wurden. Das Verstehen auf der spirituellen Ebene unterliegt keinen Gesetzmäßigkeiten und Festlegungen. Es gibt keine vereinheitlichten Lösungswege. Du selbst fühlst in Dich hinein und darfst Deine eigenen Lösungswege und Wahrheiten, welche aus Deiner Kraftquelle kommen, empfinden. Dies ist Dein ganz persönlicher Reichtum. Auf Deinem Weg solltest Du, wie ich es schon einige Male erwähnt habe, Ballast abwerfen und Dich von all den Dingen reinigen, welche Dich belasten. Wir sprachen ja bereits über die Dinge, welche Du wirklich benötigst, um zu leben. Wenn Du Dir anschaust und Dir nicht entgeht, dass viele Menschen auf einem sehr hohen Niveau anfangen zu klagen, dann wirst Du fühlen, dass es hier nicht um das Leben aus der eigenen Mitte geht, sondern um ein Leben in gesellschaftlich angepassten Strukturen. In den industrialisierten Ländern gibt es diese Not, die Menschen verhungern oder verdursten lässt, recht selten. Vielmehr ist das Problem, dass durch Einflüsse und Eindrücke ständiger durch Kommerz bedingter Strukturen die Sicht verzerrt wurde und genau dieses Muster geprägt hat. Was noch vor Jahren für die Gesellschaft und vor einiger Zeit auch für Dich als absoluter Luxus galt, ist vielleicht jetzt schon zur Selbstverständlichkeit geworden. Daraus entwickelte und entwickelt sich diese schnelllebige Zeit. Kaum hat man sich etwas angeschaut, es betrachtet, sich damit vertraut gemacht, gilt es schon wieder als nicht mehr zeitgemäß. Es ist ein ständiges Streben nach neuen süchtig machenden Produkten. In der Entwicklung der Geschichte gab es immer Menschen, welche durch ihr Geschick bahnbrechende Erfindungen machten. Es ist aber leider so, dass vieles, was sich daraus entwickelt hat und dessen Ausmaße, längst nicht mehr so harmlose und bescheidene Auswirkungen auf uns hat, wie man es den Menschen glauben lässt. Wir alle können uns doch umschauen und werden sehen, dass bereits hier die Konsumberauschtheit Einzug gehalten hat. Ein eigenes Haus mit Garten gehört heute längst nicht mehr zu einem Privileg. Solche Dinge werden vom System selbst für Geringverdiener als bezahlbar angepriesen. Da werden Rechnungen aufgemacht, in denen fiktive Zahlen genannt werden, die in Wahrheit nie greifbar sind. Alle diese Rechnungen sind zukunftsorientierte Prognosen mit wirklich vagen, düsteren Aussichten. Die Systemwächter und ihre Getreuen erzielen in Wahrheit so immer mehr Abhängigkeit von ihren Opfern. Abhängigkeit ist eine besser zu kontrollierende Komponente als Freiheit. Mit Freiheit kann das System keine Gewinne erzielen. Sicher wird Dir dieses System als berauschendes, bereicherndes, glitzerndes System verkauft, aber im Glitzer des Konsums haben bei genauer Betrachtung diese künstlichen Reichtümer immer dunkle Flecken auf ihrer Fratze. Wenn Du Dir in der Abhängigkeit nach Deinen Süchten versuchst, Unabhängigkeit zu verschaffen in dem Glauben, dann dem System zu entgehen, dann zeigt es nicht mehr als Deine noch tiefere Abhängigkeit. Deine Süchte machen Dich von etwas abhängig, was Du wiederum aber nur in Unabhängigkeit genießen möchtest. Wie absurd, denn es ist egal, weil das System Dich sowieso nur das fühlen lässt, was es Dich fühlen lassen möchte. Die Unabhängigkeit unter dem riesigen gewaltigen Schirm der Abhängigkeit funktioniert nur für die, die davon profitieren. Es gibt dann in ihrer Gedankenwelt kein Erleben mehr aus der eigenen Mitte, weil diese Art zu fühlen getrübt wird durch das Leben und Fühlen im System. Im Grunde ist es eine ständige Erhebung in die Welt des Konsums, um sich daran zu sättigen. Dies setzt immer eine Abhängigkeit von Anderen voraus, welche dann in jeder Ebene gelebt wird.

Die meisten Menschen haben sich diesem System gebeugt und versuchen in dieser großen Glocke nicht nur ihr Überleben zu sichern, sondern es auf Kosten anderer noch erträglicher zu machen. Die

Menschheit hat in diesem System, welches einem ewigen Kreislauf ähnelt, nur eine Chance zu entkommen und Zweigwege zu benutzen, wenn sie erkennt, dass es um das Bedürfnis aus der eigenen Tiefe und um das der Gemeinschaft geht und nicht darum, ständig mehr besitzen zu wollen als die anderen. Das Dumme ist nur, dass die Farben und der Glanz dieses Konsums genauso vergänglich sind wie jeder Moment. Die Vergänglichkeit macht für das System besonderen Sinn, denn es geht in der heutigen Zeit nicht mehr um die Dinge natürlichen Ursprungs, sondern darum, wie man das System in seiner Schnelllebigkeit weiter befriedigen kann. Wer sich dieses System genauer betrachtet, wird erkennen, welchen Preis diese Art des Erlebens hat. Die Augen zu schließen, um das Innere zu reinigen und Dich der Natürlichkeit zuzuwenden, ist vielleicht bei vielen noch nicht möglich. Die Augen zu verschließen vor der Wahrheit hingegen haben viele zu ihrer Philosophie gemacht. Dabei hast Du ja die Gabe, fühlen, spüren und genießen zu können. Du benutzt diese Fähigkeiten leider meist, um im System zu funktionieren und nicht, um in Deiner Mitte zu bleiben. Du betrachtest das System ja nicht bewusst als Auslöser für Deine Art des Empfindens. Du kannst Dich ja jederzeit der Dinge, die Du meinst zu benötigen, um in diesem System zu überleben, bedienen. Dabei erbaust Du Dir immer neue Abhängigkeitsstrukturen, und die Angst, dies alles nicht mehr nutzen zu können, wird immer allgegenwärtiger. Mit jedem neu erschaffenen, künstlichen Besitz wächst auch die Angst, dies wieder zu verlieren. Es entsteht dann eine tiefe Abhängigkeit diesen Dingen gegenüber, und der Genuss, diese Dinge sein eigen nennen zu dürfen, hat einen großen Preis. Du rennst, vielleicht rauchend, trinkend oder traumatisiert durch dieses Leben, ohne die pulsierende Vielfalt der Farben wahrzunehmen. Wenn dem so ist, dann geht Dein Leben an Dir vorbei. Du kannst weder fühlen noch verstehen, warum Dein Körper Dir ganz andere Dinge sagt, als Dein Verstand es Dich glauben lässt. Du zahlst Deinen Tribut bei diesem ständigen Leben außerhalb Deiner Mitte. Die Alarmzeichen Deines Innern zeigen Dir, dass etwas mit Dir nicht im Einklang ist. Du hast ständig die Wahl zu entscheiden, was Du tust. Wenn Du Wege wählst, welche Dein Herz Dir zeigt, dann gibst Du Deinem Ego keine neue Nahrung mehr. Du lässt der Natürlichkeit den

Vortritt und hörst auf Deine innere Stimme aus Deiner Mitte. Natürlichkeit hat ja auch etwas mit Natur zu tun. Diese Natur ist dazu da, um sie zu erleben und zu erhalten. Um wieder mehr Natürlichkeit zu empfinden, könntest Du doch mal die Dinge, die Du zu benötigen meinst und die Deinem Leben bisher Inhalt vermittelten, sortieren. Wie viel Zeit verbringst Du mit existenzerhaltenden Maßnahmen Deiner künstlichen Anhäufungen? Mit „sortieren" meine ich, wie gesagt, das Abwerfen von unnötigem Ballast und jeglicher daraus resultierenden Empfindungen. Um das zu verstehen und zu erkennen, solltest Du auch fühlen lernen, dass ein direkter Zusammenhang zwischen dem Aufstand Deines Körpers und den systembedingten Strukturen besteht. Wenn Du Kopfschmerzen hast, nimmst Du vielleicht eine Tablette und dann geht es vielleicht wieder, bis zum nächsten Mal. Über den Umstand, dass Dich dann der nächste Weg vielleicht zum Arzt führt, sprach ich ja bereits. Vertrauen gewinnst Du also, wenn ich Dir sage, dass sich jeder Schmerz und jede Krankheit in Deinem eigenen Zentrum entfaltet. Es besteht ein direkter Zusammenhang zwischen Deinen Dir gegebenen Genen, Deiner Geburt, Deiner Kindheit, Deines Weges, Deinen Ahnen, Deinen Eltern, Deinen Begegnungen und Deinem Schmerz, sowie der daraus resultierenden Krankheiten. Nichts kommt einfach so per Zufall oder per Knopfdruck. Alles hat seine Geschichte. Nun gibt es gewiss Menschen, die sehr tief in diesem altstrukturierten System verknotet und verkettet sind und die deren Inhalt als sehr zufriedenstellend betrachten. Das scheint aber nur so, weil die Dinge, die ihnen das glauben machen, nur Geschwüre des Systems sind und nichts mit dem zu tun haben, was sie wirklich ausmacht. Was wäre denn diese Zufriedenheit ohne dieses gesamte Ausmaß an Künstlichkeit, was diese Menschen nutzen, wert? Nichts. Und die Frage nach dem Sinn des Seins wäre präsenter denn je. Falls Du Dich in dem Gesagten wiederfindest, kannst Du selbstver-ständlich sagen, es ist nicht so, und wenn es mal soweit ist, kann ich mich immer noch bemühen. Du wirst keine Antworten finden, wenn Du meinst, sie zu benötigen. Antworten erhältst Du dann, wenn Dein Bewusstsein sich der neuen Erde öffnet und Du Licht siehst statt Schatten. In der Dunkelheit Antworten zu finden, ohne je ins Licht gegangen zu sein, wird unmöglich sein. Sich zufriedenzugeben mit der

Künstlichkeit dieses Systems, heißt sich auch mit ihm zu identifizieren. Was aber ist an diesem System rein und unverfälscht? Das sind nur die Dinge, die um dieses künstliche System herum immer da gewesen sind. Das ist der Baum im Park oder die unbedeckte Erde in der Stadt. Während des Strebens nach immer mehr Künstlichkeit bedient sich das System meist auch noch der verbliebenen Natürlichkeit. Vieles Natürliche muss der Künstlichkeit weichen, und das Schlimmste daran ist, dass es oft ohne Rücksicht erfolgt.

Die Natürlichkeit dieser schönen Erde kannst Du aber nur erhalten, wenn Du erst die Künstlichkeit in Dir selbst in Deine innere, ursprüngliche Wahrheit umkehrst. Nicht das System wird Dich retten, sondern nur ein höheres Bewusstsein.

Solange Du nicht erkennen kannst, dass Du da bist, um zu leben, wirst Du Dich wohl ständig neuen Herausforderungen in der Künstlichkeit stellen, um dort mit Deinem Verstand Dinge zu erschaffen, die Du in den Momenten der Klarheit und der Bewusstheit gar nicht mehr benötigst. Du kannst Dich dennoch der Gegebenheit nicht entziehen, dass Du eigentlich jedes Mal in einer Sackgasse landest, in der Du dann irgendwann wieder blind umherirrst. Dann muss Dein Verstand neue Räume und neue Wege für Dich erschaffen, um Dir jedes Mal erneut das Gefühl zu geben, dass Du nicht auf dem Holzweg bist. Wenn Dein Verstand das nicht tun würde, dann würde die Sackgasse für Dich so eng werden, dass Du in ihr nicht einmal mehr Platz finden kannst, Dich zu drehen. Entziehen kannst Du Dich den Folgen, die daraus entstehen, nicht. Du wirst nur immer wieder neue Schleichwege erfinden, solange Du nicht bewusster wirst. Natürlich gehört auch das zu Deinem Weg, und je unbewusster und Verstand-regierter Du lebst, desto mehr wirst Du nach Deinem Erwachen die Momente intensivieren können, in denen Du bewusster bist. Das liegt daran, dass die Polaritäten dann sehr stark ausgeprägt sind. Jeder der intensiv seinen Schmerzkörper lebt und ihn zulässt, erfährt einen intensiven Prozess während des Erwachens.Je intensiver Du Dich darauf einlässt je heller wirst Du dann strahlen können. Es wird diese Polaritäten dann zwar immer noch geben, aber Du wirst nicht mehr mit Deiner ganzen Energie dort reingehen und lernen, dass es egal ist was Dir begegnet, weil es zu Deinem Weg gehört .

Vielleicht wirst Du immer wieder versuchen, Dich gegen Dinge zu stellen, welche in Dir eine Unbehaglichkeit auslösen, solange Du nicht erkennen kannst, warum das so ist und was in der Tiefe dahinter steckt. Finden kannst Du nur etwas, wenn Dein Suchansatz nicht schon bereits mit den Gedanken, die dahinter stehen, ins Leere läuft. Wenn sich alles wiederholt und Du nicht bereits auf Parallelwegen Veränderungen fühlen kannst, dann wirst Du immer wieder in die gleiche Sackgasse laufen. Das hat auch mit der Angst vor Veränderung zu tun, die viele verspüren. Viele meinen, dass der Weg der Gewohnheit sie leiten wird. Das wird so nicht funktionieren, weil dieser Weg ein manipulierter Weg ist, welcher mit ständig neuen Kompromissen behaftet sein wird, in denen dann Entscheidungen gefällt werden, die alles andere als das sind, was derjenige im tiefsten Inneren wirklich will. Wenn Du früh morgens erwachst und Dich fragst, was Du jetzt am liebsten tun möchtest, dann kommen dabei oft ganz andere Dinge heraus als das, was Du dann tatsächlich machst. Es sind meist Dinge, die nichts mit Dir zu tun haben, und wenn Du meinst, dass sie mit Dir zu tun haben, dann oft nur, weil Du Dich durch diese Dinge immer wieder aufs Neue versuchst, zu identifizieren. Dich macht nicht der Beruf aus, den Du ausübst, denn wenn Du nicht dort wärst, wo Du meinst, benötigt zu werden, dann wäre es jemand anderes. Dich macht auch nicht das Haus aus, welches Du vielleicht besitzt oder bewohnst. Diese Dinge leben in den Momenten, wo Du ihnen begegnest, durch Dich und nicht Du durch sie. Diese Dinge tragen Deine Handschrift und nicht umgekehrt. Wenn Du das nicht erkennst und Dich weiterhin durch sie versuchst zu identifizieren, dann bewegst Du Dich weiter weg von Deiner Mitte. Du versuchst, Dein Sein durch solche äußeren Dinge zu vervollkommnen, aber warum willst Du etwas vervollkommnen, was schon vollkommen ist. Das tust Du nur, weil Du es nicht erkennen kannst. Welche Farbe Dein Auto hat, spielt doch im Grunde genommen keine Rolle, denn so oft, wie unser ureigenes System den Veränderungen unterworfen ist, wirst Du es Dir gar nicht leisten können, Dein Auto umlackieren zu lassen. Farben haben die Menschen immer bewegt und werden es auch weiter tun. Die Farben, welche an Dir erscheinen, geben Deinem

Inneren Ausdruck. Jedoch ist es ein Unterschied, diesem Bewusstsein in Dir durch Farben Ausdruck zu geben, oder Dich durch diese Farben zu identifizieren. Was ich damit meine, ist, dass Du im Indian Summer durch die Wälder Neuenglands streifen kannst und so viele Farben siehst, dass Du einfach überwältigt bist von deren Schönheit. Nun wirst Du Deinem Auto aber nicht deswegen gleich all diese Farben geben. Du genießt diese Natürlichkeit der Farben, und sie lösen in Dir etwas aus, was bereits natürlichen Ursprungs ist. Durch diese Farben wirst Du Dich nicht identifizieren, weil sie etwas Natürliches sind. Du kannst Dich durch so viele Dinge identifizieren, aber wenn Du erkennst, dass das Natürliche in Dir Dich ausmacht, dann bist Du bei Dir. Es ist doch ein gewaltiger Unterschied, ob Du einen Berg erkunden möchtest, und Du tust das, indem Du Dir einen Jeep nimmst und solange fährst, bis das Benzin alle ist, oder ob Du diesen Berg selber besteigst. Du wirst Deine Grenzen, Deine Möglichkeiten, Deine Natürlichkeit nie erleben können, wenn Du andere Kräfte dafür benutzt. Nur Deine eigenen Kräfte können Dich all diese Dinge wahrhaftig erleben lassen. Aus Schmerz wird Freiheit, aus Stress wird Ruhe und Stille. Das alles wirst Du finden, wenn Du bewusster bist.

Vielleicht hast Du oft schon die Sehnsucht nach Ruhe und Stille verspürt und wolltest einfach nur ausbrechen aus Deinem Alltag und Deinem Gefängnis. Das sind alles Schreie, die aus Dir kommen und nach Befreiung aus der seelischen Gefangenschaft suchen. Jeder Schmerz, den Du fühlst, hat den gleichen Sinn. Er vermittelt Dir aus Deiner eigenen Seelentiefe, dass in Deinem eigenen System Unruhe und Unordnung herrschen. Jedoch gibst Du diesem Schmerz nicht die notwendige Aufmerksamkeit. Im Gegenteil, Du wirst vielleicht immer lauter, um dem Schmerz Ausdruck zu verleihen und schreist dabei immer nach Hilfe. Mit jeder weiteren Zeit in der Unbewusstheit vertiefst Du Deine Wunden und der Schrei wird lauter. Niemand eilt herbei, um Dich zu heilen, weil niemand Dich verstehen kann. Wie kann man Dich verstehen, wenn Du Dich nicht einmal selber verstehst? Vielleicht meinst Du ja auch, dass alles so normal für Dich gewesen ist, wie es gelaufen ist, aber dann beschwere Dich nicht über die, die Dir nicht helfen können und über das, was Dir nicht helfen kann! Wenn in diesem

System vieles so intakt scheint, wie manche es sich selber einreden, warum gibt es dann soviel Elend, Neid, Missgunst, Brutalität, Rücksichtslosigkeit, Egoismus, Wut, Enttäuschung, Hass und noch vieles mehr? Diese Dinge werden zwar gesehen, aber sie werden stillschweigend hingenommen in der Hoffnung, selbst nicht der Betroffene zu sein. Eines ist aber klar, wir alle stecken mitten drin. Dabei ist es egal, ob Gewalt genau in diesem Moment vor unserer eigenen Haustür stattfindet oder nicht. Sich darauf oder auf andere zu verlassen ist jedes Mal eine gewagte Rechnung. Wenn Du glaubst, dass das System und seine festgeschriebenen Gesetze Dich vor allem schützen, dann überdenke dies noch einmal. Niemand kann Dich so schützen wie Du Dich selbst. Solange Du Deine Antworten vom Doktor bekommen möchtest, wenn Du Schmerzen hast, solange Du noch tanken gehst, obwohl Dir das Benzin schon zu teuer ist, solange Du über das urteilst und richtest, was Du selber nutzt, solange erhältst Du dieses System, in dem Du lebst, und ernährst es. Vor allem aber ernährst Du dadurch Dein Ego und das gemeinschaftliche Ego gleich mit.

Eines möchte ich hier zwischendurch mal erläutern. Ich werde oft gefragt, warum ich vieles als so unnütz darstelle und es dennoch selber nutze. Als erstes besteht mal ein Unterschied, ob ich etwas aus meiner Mitte und damit meinem höheren Selbst in tiefer Dankbarkeit tue, oder ob ich systemgetreu funktioniere und vieles als selbstverständlich ansehe. Wer sagt denn, dass Menschen höheren Bewusstseins nur in einer Lehmhütte wohnen dürfen und nur Wurzeln kauen müssen, obwohl beides extrem gesünder wäre. Das Zeitalter der Technik hält genügend Ansatzpunkte für einen respektvollen Umgang selbiger bereit. Es geht vielmehr darum, was für künstliche Anhäufungen um diese ursprünglichen Erfindungen entstanden sind. Auch die Abhängigkeit von der Gesellschaft und deren systemerhaltenden Maßnahmen ist ein entscheidender Umstand. Wenn Du die Dinge in dem Glauben nutzt, dass es ohne sie nicht mehr geht, dann machst Du Dich von ihnen abhängig. Wenn Du die Dinge nutzt, indem Du Dir vorher bewusst wirst, dass es auch ohne gehen wird, dann bist Du nicht abhängig, sondern Du nutzt es, weil es da ist und bedankst Dich für diese

Geschenke. Sicher werden bewusste Menschen mit diesen Dingen ganz anders umgehen und immer versuchen, Schaden an sich selbst und dem Umfeld zu vermeiden. Schon das macht den großen Unterschied aus. Ein ökologisches, geplantes, spirituelles Zentrum darf sich doch durchaus einen Internetanschluss gönnen. Niemand auf dieser Bewusstseinsebene wird diese Dinge unbewusst nutzen. Solche Menschen werden nicht nächtelang vor dem Fernseher sitzen oder über das System klagen. Sie erkennen das System, aber sie klagen nicht in ihm, sondern darum, dass es dies in dieser Form gibt. Wer sich bewusst ist, wird die Dinge in ihren bewusstseinserhaltenden ursprünglichen Strukturen nutzen.

Leider ist es so, dass durch die viele Gewalt und deren Verherrlichung täglich immer neue Schreckensszenarien zu hören sind. Diese Dinge spielen sich dann auch häufig gar nicht mehr sehr weit vor der eigenen Haustür ab. Was da manche Kinder, bedingt durch ihr Umfeld, schon als selbstverständlich betrachten, ist enorm. Das Weihnachtsgeschenk, was meist nur kurze Beachtung genießt und schon in dem Moment veraltet ist, wenn es bezahlt wurde, ist nur der Anfang von Vergeudung und Verschwendung. Es wird eine immer größere Blase zur Befriedigung des Egos notwendig. Dabei ist die Freude über das Neue meist nur von kurzer Dauer. Du bist immer wieder auf der Suche nach dem, was man Dich beispiellos leicht finden lässt. Die Schaufenster, Zeitschriften, Kataloge und Werbungen sind vollgestopft damit. Bescheidenheit und Güte sind längst dem Kommerz und der Selbstsucht gewichen. Dennoch gibt es diese Eigenschaften in jedem. Sie sind nur verkümmert zu einer schlafenden Eigenschaft. Mit oder ohne Kommerz, das höhere Selbst lässt sich nicht löschen, es lässt sich nur täuschen. Es bedarf ja im Grunde genommen nicht viel, um zu begreifen und zu erkennen. Allein Deine Bewusstheit entscheidet darüber, wie es sich anfühlt.

Wie unbewusst viele Menschen sind, kannst Du an vielen Beispielen tagtäglich erkennen.

Ein Beispiel dafür ist die Ernährung. Du kannst Dir nicht vorstellen, was Menschen alles Grausames anstellen, um den kulinarischen Heißhunger ihrer Artgenossen zu stillen. Da werden Schleppnetze

ausgelegt, in denen sich Delphine verfangen und qualvoll verenden. Da werden Haie gefangen, um ihnen dann bei lebendigem Leib die Rückenflosse abzutrennen. Der Rest (etwa 95%) wird dann wieder lebend ins Wasser geworfen. Die Tiere verenden so qualvoll, dass man hier schon das Wort Grausamkeit durch ein viel passenderes Wort ersetzen müsste. Massentierhaltung, um dem ständigen Bedarf an Fleisch zu gewährleisten, ist heute zur Selbstverständlichkeit geworden. Es wird vor nichts mehr halt gemacht, um Tiere zu jagen und zu töten. Wem das noch nicht reicht, der sollte wissen, dass Veranstaltungen organisiert werden, in denen man Hetzjagd auf Löwen, Bären und sonstige Tiere macht. Diese Tiere werden eigens zu dem Zweck der Hetzjagd im Gelände ausgesetzt und von Menschen gejagt und gezielt getötet, die dafür noch viel Geld ausgeben. Geld auszugeben, um Leben zu vernichten, anstatt zu retten, ist ebenfalls ein Produkt des Systems. Wenn wir zu einem Zeitalter weit vor diesen Grausamkeiten zurückkehren, dann entdecken wir, wie sich unsere Vorfahren ernährt haben. Das Beschaffen von Essen war teilweise Hauptaufgabe, um zu überleben. Die Menschen ernährten sich von Pflanzen, Sprossen, Wurzeln, Beeren, Nüssen, Gemüsen und allem, was die Natur hergab. Du kannst daraus die schönsten Gerichte zaubern, wenn Du weißt, wie. Keines von den Tieren, die Du vielleicht isst, könntest Du mit bloßen Händen fangen. Du bräuchtest Hilfsmittel dazu. Die Menschen damals bedienten sich der Mittel, welche die Natur hergab, um ihr Essen zu bekommen. Es gibt Lebewesen, welche von der Natur so ausgestattet wurden, um zu jagen, und es gibt eben Lebewesen wie den Menschen, wo dies nicht der Fall ist. Der Mensch hat mit der Fähigkeit zu denken und damit zu erfinden ein Ungleichgewicht in der Natur erschaffen. Längst ist das natürliche Gleichgewicht, welches das Leben reguliert, dem Ungleichgewicht der Kräfte gewichen.
Dieser Prozess wird grundsätzlich gestützt durch Angebot und Nachfrage. Im Zusammenspiel dieser Faktoren liegt das Fortbestehen solcher Unverantwortlichkeiten, und es wird weiter qualvoll getötet und sinnlos abgeschlachtet. Jedes Tier kann es fühlen, wenn es zum letzten Gang geführt wird, auch wenn man die Augen davor verschließt. Tiere haben eine sehr ausgeprägte Gefühlswelt, die sie vor Gefahren schützt

und ihre Aufmerksamkeit erhält. Es sind für diese Wesen Momente von angstvoller Gewissheit. Nur weil der Genuss stärker ist als die Kraft, in das Gefühlsleben der Tiere einzutauchen, entstehen solche Szenarien. Wer diese Waren dann kauft, der ist mitverantwortlich für das Massensterben der Tiere. All diese Tiere haben genauso ein Recht auf das Leben wie der Mensch. Stell Dir einmal vor, immer, wenn Du Hunger auf Fleisch hast, würde das Tier vor Deiner Tür stehen und Du müsstest es selber töten, bevor Du es zubereitest. Macht die Tatsache, dass Du es nicht selber tötest, einen so großen Unterschied für Dich? Nein, ganz und gar nicht. Nur weil Du diese einmaligen Lebewesen abgepackt in Stücken im Regal des Supermarktes kaufen kannst, ohne dabei ihr Leid zu sehen, meinst Du, das Geschehen ist Millionen Kilometer weit von Dir entfernt. Da täuschst Du Dich aber, denn es findet mit jedem Genuss, welchem Du Dich auf Kosten dieser Qual hingibst, genau vor Deiner Haustür statt. Moralisch stehst Du genau dort, wo die stehen, die in Deinem Auftrag über Leben und Tod dieser Geschöpfe entscheiden. Kein Tier würde vor Deiner Tür stehen, um Dich zu töten, damit andere Tiere satt werden. Diese Unfälle, bei denen Tiere Menschen anfallen und töten, geschehen, weil die Menschen in ihren ohnehin schon begrenzten Lebensraum eindringen. Ich habe Gruppen von Schulkindern erlebt, die mit ihrer Schulklasse einen Ausflug in einen Schlachthof machten und danach nie wieder Fleisch gegessen haben. Das zeigt auch, mit welchem Bewusstsein die Kinder meist aufwachsen. Sie übernehmen das, was sie von den Eltern sehen und was ihnen die Gesellschaft vorlebt. Viel zu wenige Eltern können und werden ihren Kindern erzählen, warum die Tiere, und vor allem, wie die Tiere qualvoll sterben müssen. Es gibt genügend Ernährungsalternativen, aber wenn die Eltern nicht bewusst sind, wie sollen es die Kinder dann werden? Der Genuss von Fleisch und Fisch ist längst zu einem finanziell eigenständigen Markt geworden, der viele Menschen in Lohn und Brot stellt. In so vielen Kochsendungen im Fernsehen werden Fleischgerichte zubereitet. Somit bleibt es eine Art Hauptnahrungsquelle der Menschen, ohne die manche meinen, gar nicht mehr leben zu können. Sicher ist es in der heutigen Zeit sehr schwer wegen der rasant wachsenden Bevölkerung, die Nahrungsmittel aus der

Natürlichkeit abzudecken, aber jeder könnte sich wesentlich umsichtiger, aufmerksamer, bescheidener, respektvoller, gemeinschaftlicher und weniger egoistisch geben.

Jeder könnte überprüfen, wie viel von dem, was er an tierischen Produkten kauft, er auch tatsächlich benötigt, um zu überleben. Um zu überleben, benötigen wir wahrlich nicht viel, und für unseren Gaumen ist dann immer noch genügend gesorgt, selbst bei fleischloser Ernährung. Ich weiß, dass bei vielen in der Unwissenheit und der Unaufgeklärtheit, gepaart mit daraus resultierendem Unvermögen, die Ursache des lapidaren Umgangs mit fremdem Leben zu suchen ist. Ich weiß, dass oft die Angst vor Isolierung oder Ausschluss aus der Gesellschaft zu ständig neuen Blockaden führt und deshalb eine Veränderung des Verhaltens oft unmöglich macht. Viele spüren bereits, dass sie etwas verändern möchten, aber sie trauen sich nicht, diesen Weg einzuschlagen aus Angst, sich als Außenseiter zu fühlen. Sie finden sich dann mit dem Gegebenen ab und verlieren dann wieder den Zugang zu ihrem höheren Selbst. Es ist sehr schwer, in diesem System das zu finden, was Dich bewusst sein lässt. Wer oder was ist das System? Das System sind wir alle. Jeder, der dort drin lebt und sich mit oder durch dieses System identifiziert. Das System verbreitet nicht das, was Dich in der Wahrheit und Deiner Mitte sein lässt. Es lebt durch Dich und Du lebst durch das System. Eine gegenseitige Abhängigkeit, welche nur solange funktioniert, wie beide unbewusst genug sind, nicht zu erkennen, dass diese Gegenseitigkeit nicht die Wahrheit ist.

Die Wahrheit bist Du. Die Wahrheit ist in Dir, in Deiner Mitte. In diesem System werden aus der Unbewusstheit Gewalt und Hass, Missgunst und Neid geboren. Das sind alles Nährböden für eine Lebensweise, welche alles andere als Deine Bestimmung ist. Wenn Du anfangen würdest, nur einen Teil Deiner Aufmerksamkeit auf das zu lenken, was Du bist, dann benötigst Du das System in dieser Erscheinungsform nicht, um zu überleben. Dann wärst Du bereits bewusster. Bewusstheit ist eine Form, derer Du Dich bedienen kannst, wenn Du Bewusstsein erlangst. Mit Bewusstsein wächst Vertrauen und Bewusstheit. Das Bewusstsein ist der Zustand, in dem Du die Intensität dessen fühlen kannst, was Dein höheres Selbst ist. Je mehr

Aufmerksamkeit Du den Dingen schenkst, desto mehr Wahrnehmung wirst Du erfahren. Bewusstheit hat eine fesselnde Komponente. Immer, wenn Deine Bewusstheit mit Deiner inneren eigenen Wahrheit verschmilzt, darfst Du einen göttlichen Zustand erleben. Dieser Zustand ermöglicht es Dir, zu empfinden, dass es in Wahrheit nur das Jetzt gibt. Ich meine nicht den jetzigen Zustand. Der ist in Dir womöglich auch nur ein verzerrtes Bild, begleitet von ständigen Denkprozessen. Nein, das Jetzt ist gegeben. Es ist gesetzt. Alles, was den Moment ausmacht, ist das Jetzt. Das Jetzt beinhaltet alle wahrgenommenen Eindrücke, alles Erleben des Moments. Alles, was unser Bewusstsein auf einmal erfassen kann, ist das Unverfälschte. Wende dich von dem Jetzt nicht ab, sondern wende dich ihm zu und verweile in ihm, solange du kannst! Es ist die reine Wahrheit. Versuche, so oft es geht, im Jetzt zu bleiben, ohne Dich von Deinem Ego wieder in unnötige Denkprozesse verstricken zu lassen.

Wenn Du einmal im Urlaub am Strand gesessen hast und dort einen Sonnenuntergang beobachtet hast, dann weißt Du vielleicht, was ich meine. Im Grunde genommen ist es ja kein Sonnenuntergang, sondern nur ein Abtauchen der Sonne. Ein faszinierendes, tagtäglich sich wiederholendes Schauspiel mit Eleganz und Farbe. Du betrachtest die Sonne und tauchst in ihr Farbenspiel ein. In diesem Moment verweilst Du voller Hingabe. Das ist der Moment im Jetzt. Wenn Du Dinge erlebst, die Dich weit wegführen von Deinem Verstand-regierten Denken. Du bist also in der Lage, es zu fühlen, und darum geht es. Stell Dir vor, Du verweilst solange Du willst in diesem Moment und kannst außer dem Genuss keine plagenden Gedanken oder Alltagssorgen fühlen. Das ist das Leben im Jetzt. Wenn Du meinst, dass Du das nicht erreichen kannst, dann zweifelst Du schon, bevor Du überhaupt versuchst, Dir diesen Zustand in Dein Leben zu rufen. Was bringt Dir das Leben voller Planung, Terminhatz, Hektik, Stress und pausenlosem Denken? Ständig versucht Dein höheres Selbst, Dich von dort wegzuführen, aber Du gehst immer wieder dorthin, wo Du meinst, die Dinge zu bekommen, welche Dir ein wundervolles Leben bereiten. Genießen kannst Du einen Sonnenuntergang doch wirklich nur, wenn Du frei von jeglichen Gedanken bist. Du kannst ihn als schön empfinden oder als einzigartig, aber wirklich faszinierend wird er erst, wenn Du ihn völlig gedankenfrei erlebst. Du kannst natürlich sagen, dass es Dir reicht, es so zu fühlen, wie Du es fühlst, auch mit Gedanken. Das sind aber auch nur alles Entschuldigungen und Empfindungen, die Du vorgibst, weil Du vielleicht nicht das fühlen kannst, was ich meine. Vielleicht sagst Du auch, alles, was sich Dir nicht offenbart oder zeigt, gibt es nicht. Warum hast Du dann Sehnsüchte? Sehnsüchte sind unerfüllte Wünsche. Der Drang nach dem Leben aus Deiner Mitte. Wenn Du Sehnsüchte hast, bist Du nicht im Fluss. Das zu ignorieren bedeutet, Arroganz an sich selbst auszuüben. Es gibt keine Entschuldigung, seine eigenen Bedürfnisse zu ignorieren. Im Grunde genommen sind es tief verwurzelt nicht materielle Bedürfnisse, sondern das Bedürfnis nach Freiheit und Unabhängigkeit. Das Leben im Jetzt kann man nicht kaufen, und es läuft einem auch nicht zufällig über den Weg. Du darfst es erleben, wann immer Du Zugang findest oder wann immer Du den Zustand im Jetzt zulässt. Dieser Weg der Erfüllung, des Lichtes, der Reinheit, der Wahrheit, hält eine einzigartige Erfüllung für Dich bereit. Du musst es nur annehmen und von den alten Strukturen Zug um Zug Abschied nehmen. Lenke Deine Aufmerksamkeit auf die Dinge, die Dein Leben mit Wärme und Güte erfüllen. Dorthin, wo das Licht ist. Mache nicht die Dinge in Deinem Umfeld für das, was Du fühlst, verantwortlich, denn wenn Du bei Dir bleibst und eins mit Dir bist, dann kann Dich nichts dorthin ziehen, wohin es Dich gerne hätte. Schaffe Dir keine Feindbilder und urteile nicht ständig über die Dinge, die Dir begegnen, nur weil sie Dir im Moment vielleicht nicht passen. Alles, was Du fühlst und imstande bist, zu sehen, wird dann durch Deine Erwartung genährt, welche Du an die Situation stellst. Im Grunde genommen gibt es keine äußeren Feinde. Der einzige Feind, den Du besitzt, ist der, den Du Dir selber erschaffst. Deine ganze Empfindung und Wahrnehmungswelt ist eine Kopie Deines inneren Gleichgewichts. Schenke den Dingen und Deinem Gegenüber stets die ungetrübte Aufmerksamkeit aus Deiner inneren Reinheit und mache es nicht davon abhängig, was Deine verzerrten Sichtweisen aus immer wiederkehrenden Denkstrukturen Dir aufzwingen wollen. Aufmerksamkeit auf das Äußere zu lenken heißt nicht, dass Du den Dingen in Dir damit die

Aufmerksamkeit entziehst. Vielmehr solltest Du beobachten, ab wann Dein Ego mehr von Deiner Aufmerksamkeit für sich selber abverlangt als Du bereit bist, ihm zu geben. Das ist bereits bewusst sein. Die Aufmerksamkeit dorthin zu lenken, wo Deine Mitte ist, Dein Zentrum, Deine Schaltzentrale, ist der wichtigste Aspekt, um sich zu erkennen. Natürlich wird Dein Ego versuchen, sich wieder in Dein Leben zu schleichen. Schließlich hast Du es ja auch ein langes Leben gepflegt, versorgt und immer auf seine Schreie gehört. Wenn Du fühlen kannst, dass es Dein Ego ist, welches Dich um den Verstand bringt und Dich wieder an Deiner schwachen Seite packt, dann hast Du den ersten wichtigen Schritt bereits getan. Du kannst doch immer erst handeln und etwas verändern, wenn Du die Polaritäten fühlen kannst. Du solltest überhaupt erst fühlen können, dass Du ein Ego besitzt und dass genau dieses Ego eine eigenständige Macht in Dir besitzt. Es ist ein eigenes System, das in Deinen Körper geschlüpft ist. So wie ein Fremdarbeiter, der einen festen Job gefunden hat. Wenn Du Dich zu sehr mit Deinem Ego verknotest und dann bereits Ängste hast, weil Du ohne Futter für Dein Ego vielleicht gar nicht mehr imstande bist, sorgenfrei zu leben, dann steuerst Du geradewegs auf eine Sackgasse zu, welche immer enger wird. Es mag zwar im Moment so scheinen, dass Du noch genügend Futter findest, um den Schmerz, den Dein Ego verursacht, zu nähren, aber glaube mir, Dein Ego wird immer hungriger und schlauer. Seine Strategien werden weiter versuchen, Dich zu Fall zu bringen. Auch wenn Du manchmal das Gefühl hast, dass es ruhiger geworden ist um ein Ego, dann kannst Du gewiss sein, es versucht, Dich immer wieder zu fangen. Es wird immer wieder versuchen, Deinen Weg zu stören, aber das ist ganz normal und wird im Laufe der Zeit immer mehr verblassen.

Wenn Du schon einmal dieses schöne befreite Gefühl spüren konntest, welches Gedankenfreiheit in Dir auslöst, dann willst Du mehr davon. Du kennst dieses Gefühl vielleicht auch, wenn Du in einer gemütlichen Runde sitzt, hast vielleicht schon ein Glas Wein oder Bier getrunken, die Stimmung löst sich, die Fröhlichkeit und Unbeschwertheit hält nun Einzug. Genau das ist das Gefühl des Lebens im Moment, ohne diese nervenaufreibenden Denkprozesse. Nun ist es vielleicht so, dass viele

Menschen denken, genau in diesen Situationen den Weg des Unbe-schwerten gefunden zu haben. Das ist aber ein fataler Trugschluss, denn die Rauschmittel, egal, welche es sind, lassen es Dich nur für die Momente glauben, in denen sie wirken, dass alles im Fluss ist. Einige Menschen brauchen in dem Glauben, nur darin ihr Glück zu finden, dann immer mehr von diesen Rauschmitteln. Es ist dabei egal, wie viel Du davon zu Dir nimmst. Entscheidend ist Dein wahres Motiv, das dahinter steht. Es geht hierbei nicht um Abstinenz, sondern darum, dass Dich der Glaube daran, diese Dinge zu benötigen, immer weiter wegführt von deinem höheren Selbst. Das Ego freut sich darüber, denn nun wird es nicht mehr nur keine Angst haben müssen, zu verhungern, nun braucht es auch keine Angst mehr haben, zu verdursten.

Vielleicht scheint dieses Leben im Jetzt für Dich im Augenblick noch sehr fern und leichter verständlich als fühlbar, aber im Jetzt zu bleiben ist nichts weiter als eine Übungsaufgabe, welche Du durch ständiges Herbeirufen sehr gut trainieren kannst. Wenn Du zum Beispiel in der Natur sitzt und einmal versuchst, nur den Vögeln zu lauschen, was sie so daher zwitschern, dann bist Du im Jetzt. Nun kannst Du Dir diese Momente, so oft es geht, in Erinnerung rufen. Du wirst in der ersten Zeit erschrecken, wie schnell Dein Ego wieder seine Position beansprucht und Dich von dieser Gedankenfreiheit versucht, zurück in sein Aufmerksamkeitsfeld zu holen. Je öfter Du aber diese Übung wiederholst, desto mehr wird es Dir bewusst, wie schnell Du wieder abgelenkt wirst. Sicher ist es auch eine gute Übung, während der Aufgaben, die man tut, absolut präsent zu sein. Sich auf das Gegebene zu konzentrieren und es anzunehmen, heißt auch, es in Fülle und Glanz auszuüben zu können. Nur wer präsent ist, ist imstande, die ihm zur Verfügung stehenden Möglichkeiten in seiner kompletten Fülle abzurufen. Natürlich ist auch das alles ein Weg, und dieser ganze Weg wird sich immer veränderlich anfühlen. Nur genau diese Veränder-lichkeit ist ja auch notwendig, um die Kurven des Lebens zu durchfahren. Keine Straße geht endlos geradeaus. Sie führt nach rechts, nach links, bergauf, bergab, wird mal breiter, mal enger, mal glatter, mal stumpfer. Mit einem Auto kannst Du diese Hindernisse meist bewältigen, weil Du es steuern kannst, nur Dich selbst hast Du verlernt zu führen, weil Du den Schlüssel dazu verloren hast und oft nicht mal Anstalten machst, ihn wiederfinden zu wollen.

Wer selber seinen Weg verloren hat, wird versuchen, andere künstliche Positionen zu erschaffen, welche er für sich nutzt, um wiederum Andere von sich abhängig zu machen. Das ist eines von vielen Prinzipien des Systems. Sich benutzen zu lassen oder Andere zu benutzen hat immer fatale Folgen. So wird Ungleichheit und Ungerechtigkeit erschaffen. So werden Polaritäten erzeugt, die wiederum Nahrung sind für dieses System. Es entsteht daraus ebenfalls ein vorteilbedachtes Denken, das sich in eine Größe erwachsen hat wie andere Geschwüre auch. Niemand von uns ist erhobener, nur weil er vielleicht schon erfahren durfte, wie es sich anfühlt, zu erwachen. Wenn Du in einer Führungsposition bist und erwachst, dann ist dies ein göttliches Geschenk. Du kannst all Deine Erfahrungen und Weisheiten, welche sich Dir durch das Erwachen eröffneten, mit einbringen. So kannst Du Menschen mitreißen, die vielleicht schon länger bereit sind, sich der neuen Erde zu öffnen, aber denen vielleicht noch der Glaube an sich selbst fehlt. Sicher werden wir, wenn wir erwachen, egal ob in Führungspositionen oder nicht, auf Menschen treffen, die ihr Schiff weiterhin blind durch das Leben steuern. Du sollst das aber nicht bewerten, weil die Zeit des Erwachens auch für diese Menschen kommen wird. Auf was Du achten solltest, ist nur, dass Du Dich nicht von solchen Menschen ausbremsen lässt. Manchmal passiert es auch, dass in einer Partnerschaft oder Freundschaft oder Familie der eine erwacht und der andere stehen bleibt. Das führt meist zu Komplikationen, weil sich die eingefahrenen Muster bei denen, die erwachen, nun verabschieden. Dadurch kann es sein, dass Dir Personen, welche Dir vorher sehr nahe standen, nun plötzlich aus dem Weg gehen, oder Dir Vorhaltungen machen. Dafür werden andere Menschen hingegen Deine Nähe suchen. Wenn Du erwachst und merkst, dass Dir nahe stehende Personen nicht folgen können, dann versuche nicht, sie zu überzeugen oder zu überreden. Genauso wenig lasse Dich durch sie von Deinem Weg abbringen. Solange Du spürst, dass der Andere kein Interesse hat, lass ihn einfach. Seine Zeit wird kommen. Vertraue darauf! Vielleicht versuchen diese Menschen auch dadurch, dass sie Dir Fallen stellen, Dich von Deinem

Weg abzubringen. Bleibe stets bei Dir und Du selbst, dann wird das an Dir abprallen. Wenn Du Deine Intensität auf das Neue lenkst, dann wirst Du neue Begegnungen haben und diese Begegnungen werden zahlreicher werden, je mehr Du die alten Pfade und deren Inhalte hinter Dir lässt. Das heißt nicht, dass Dir Dinge aus Deiner alten Zeit nicht mehr begegnen dürfen oder werden. Ganz im Gegenteil. Diese Dinge gehören auf dem Weg des Prozesses dazu. Ohne sie könntest Du viel schwerer fühlen, wo Du dann bereits stehen darfst. Am Anfang wird es Dir vielleicht auch sehr schwerfallen, das Verhalten derer, die Du nun klarer siehst, an Dir abprallen zu lassen. Das ist ganz normal, denn nun, wo Du die Dinge erstmals wahrhaftig und rein betrachten darfst, scheint Dir das alte so unecht und unreal. Vergiss aber nie, dass Du da auch mal gestanden hast, und nichts sollte Dich dazu bewegen, Deine Klarheit dazu zu benutzen, um Urteile zu fällen. Solange Du das tust, bist Du alles andere als bei Dir. Sicher darfst Du nun schon mal etwas empfinden, was sich großartig anfühlt, aber Du kannst diese Ganzheit nicht erfahren, solange Du auf die herabschaust, die Du nun klarer siehst. Nimm geistigen Abschied von denen, die Dich am neuen Fühlen hindern wollen. Geistiges lösen heißt, sich von alten Denkstrukturen zu befreien. Du kannst, wenn Du den alten Strukturen und denen, die noch danach leben, unnötige Präsenz entziehst, Ruhe und Zufriedenheit in Dir spüren.

Von der Sache her scheint es ja ganz einfach zu sein. Wir leben einfach nur im Jetzt, Punkt, das war es. Ja, wenn alle Menschen so leicht umzupolen wären, dann wäre das höhere Bewusstsein wesentlich präsenter und weiter verbreitet. Nur ist es nicht so und deshalb ist dieser Weggang aus dem alten Bewusstsein mit seinen ganzen über Jahre hinweg in uns geflossenen und gespeicherten Codierungen nicht einfach so zu löschen. Wenn ich mal die Computersprache benutzen darf, dann spreche ich von einer Umprogrammierung. Dieser Prozess findet in uns statt und erreicht ständig neue Empfindungsebenen. Das heißt nicht, dass Du Dein altes Bewusstsein einfach so löschen kannst, aber Du benötigst die vielen Fehlinformationen auf Deiner Festplatte nicht mehr, weil Dein Fühlen immer mehr aus Deiner Mitte kommt. Du wirst dann jedes Erleben in diesem höheren Bewusstsein wie eine Erhebung empfinden. Wenn Du begreifst, dass Du im Grunde genommen wirklich frei bist, auch wenn Dich das System etwas anderes glauben lässt, dann bist Du eingetaucht in Deine innere Wahrheit. Du bist frei wie ein Vogel, der seine Flügel ausbreitet und sich sanft durch die Lüfte bewegt. Für den Vogel bedeutet das Leben. Er erhebt sich in die Lüfte und schaut sich die Erde von oben an. Welch eine faszinierende Vorstellung für mich. Das Wichtige an solchen Begegnungen kannst Du vielleicht noch gar nicht sehen, weil Du in diesen Moment vielleicht noch nicht bewusst eintauchen kannst. Die Unterschiede zwischen diesen natürlichen, schönen, bereichernden Momenten und dem Leben in der Welt voller Künstlichkeit können sich Dir sofort, in jedem Moment, eröffnen, wenn Du Dich frei dafür machst.

Solange die Dinge von Dir nur durch das System betrachtet werden oder Du Dich ungünstigerweise noch von ihm aushalten lässt, solange wirst Du das Gegenwärtige nicht wahrnehmen können. Du entziehst dadurch Deiner Seele den Balsam und servierst ihr stattdessen Kanonenfutter. Menschen, die dann noch vor lauter Unglück, wegen ihrer negativen Begegnungen, Selbstmitleid empfinden, haben sich mit ihrem Schmerz verbündet. Es führt kein Weg aus dem inneren Gefängnis wie der, den man bereit ist, selber zu gehen. Sich auf das System zu verlassen, es dann womöglich noch auf Kosten anderer zu hintergehen und dann noch in Wut und Groll zu verfallen, wenn das Schicksal es nicht gut mit einem meint, ist ein trostloses Dasein. In diesem Zustand fällt es dann auch immer schwerer, wirkliche Dankbarkeit zu empfinden. Die Dankbarkeit dient dann meist der reinen Entschuldigung für das eigene Verhalten. Die Dinge hinter den Dingen zu sehen würde die Sichtweise derart verändern, dass sich die Wichtigkeit der Dinge umkehren kann. Genau dann entsteht wieder Dankbarkeit, Verständnis und Anerkennung. Wenn Du diese Dinge nur in anderen suchst, ohne sie selber geben zu können, wird jeder Versuch, es so zu zeigen, dass es aus der Tiefe kommt, auch nur ein Versuch bleiben. Wenn Du nicht imstande bist, die zu erkennen, die Dir Botschaften zutragen und ständig an Deiner Seite sind, ohne physisch anwesend sein zu müssen, dann schickst Du Dein Glück ständig wieder weg, in der Annahme, es an einer ganz anderen Stelle zu finden. Manche

Menschen sind für einen Fingerhut voller Dreck nicht mehr imstande, das Imperium an Schönheit zu erkennen, was diese Erde für alle bereithält. Kleinigkeiten werfen diese Menschen aus der Bahn, weil sie diesen Dingen so viel Aufmerksamkeit schenken, dass es unmöglich ist, sich der Situation zu entziehen. Du wunderst Dich vielleicht, warum alte Strukturen und Elemente an Dir zerren. Alles, was Du heute empfindest und vor allem, wie Du es verarbeitest, hat seine Wurzeln in der Vergangenheit. Genauer gesagt, fängt das schon bei Deinen Urahnen an, geht bei Deiner Geburt und Deiner Kindheit weiter. Du trägst die Gene Deiner Ahnen in Dir. Du erlebst das Verhalten Deiner Eltern in Deiner Kindheit und wirst so geführt. In dem Moment der Geburt, wo jedes Geschöpf den reinen, natürlichen Weg ohne Künstlichkeit, Bewertungen und Beurteilungen erleben darf, kennt es nur das Leben im Jetzt. Erst ab dann, wenn Kinder dann denselben Gesetzen wie die Eltern ausgesetzt sind und sich der Erziehung der Eltern unterwerfen, wird ihnen ein Leben vorgezeichnet, welches sie dann von ihren freiheitlichen Strukturen entfernt. Es wird kulturelle und soziale Unterschiede geben, die entscheidend mittragen, wie ein Kind sich entwickelt. Wird es bescheiden erzogen oder mit Kommerz überflutet. Wird es selbstständig erzogen oder ständigen Vorschriften ausgesetzt sein. Die Verantwortung für das Ergebnis dessen, was aus Kindern wird, tragen meist die Eltern und Menschen, die die Kinder auf ihrem Weg der Entwicklung begleiten. In den Vorgaben der Gesellschaft liegt oft auch das spätere Leid von Kindern. Wenn das Kind spürt, dass nun angefangen wird, es zu bewerten, dann erwachsen Polaritäten zwischen den Kindern. Jedes Kind ist anders und hat völlig eigene Wesensstrukturen. Darauf einzugehen ist mehr als Schulpsychologie. Bereits im Kindergarten werden erste Unterschiede und Merkmale der Kinder zur Schau gestellt. Es wird bewertet, angefangen zu zensieren, getadelt und gelobt in dem Glauben, so die Kinder, die nicht die vorgegebenen Leistungen erreichen, zu motivieren. Im Grunde genommen bedarf es einer sehr hohen Feinfühligkeit für die heranwachsenden Wesen, um ihre Bedürfnisse zu erkennen. Die Kinder haben oft gar keine Chance, ihre Unbedarftheit mit in ihre Entwicklung zu nehmen, weil viele von denen, die diese Dinge lehren, selbst nicht diese Unbedarftheit in ihrer komplexen Form erleben durften. In den Grundmustern durften wir das alle irgendwann einmal erleben, aber dann wurde dieser Faden der Wahrhaftigkeit durch Zwänge zerrissen. Das Beurteilen und Zensieren schafft bereits die ersten Gräben. Dieser Druck, der auf den Kindern lastet, genau dem Ideal und den Vorgaben zu entsprechen, lässt bereits kein Leben mehr im Jetzt zu. Die Unbedarftheit geht so Stück für Stück verloren. Da gibt es Kinder, die beim 100-Meter-Lauf eine rekordverdächtige Zeit erreichen und eine gute Bewertung bekommen, und es gibt Kinder, die in diesem Moment nicht mal vom Startplatz losgekommen sind und dafür dementsprechend schlechter bewertet werden. In diesem Moment werden bereits Umstände, die einer absoluten Natürlichkeit entsprechen, bewertet. Dadurch werden die Kinder bereits zu maßgeschneiderten Maschinen erzogen. Von den Lehrern wird dies als gute Motivationspsychologie für die Kinder gesehen. Wenn auf die Kinder ständig leistungsorientierte Einflüsse einhämmern, dann entsteht genau das Gegenteil von Motivation. Es entsteht ein Verlust des Glaubens an sich selbst. Hier wird ein Grundstein gelegt für das weitere Verhalten der Kinder. Viele wundern sich dann über zunehmende Gewaltbereitschaft, über Krankheiten, die die Kinder treffen. Diese ständigen Bewertungen und Bevormundungen hinterlassen ihre Spuren. Bestenfalls führt das dazu, dass diese Kinder später einmal ihre Kinder genauso erziehen und ihre eigenen Krankheiten damit weitergeben. Schlimmstenfalls brechen diese Kinder völlig in sich zusammen und werden durch den angestauten Druck zu gewaltbereiten Menschen. Die Eltern tun vieles von dem, was die Kinder nicht benötigen, in dem Glauben, ihnen damit etwas Gutes zu tun. Oftmals ist leider das Gegenteil der Fall. Die meisten Kinder, welche anfangs völlig losgelöst und gedankenfrei ihr Dasein erleben, werden nun zu Denkprozessen gezwungen aus Angst, beim nächsten Mal wieder zu versagen. Sicher gibt es Dinge in der Erziehung, die gehören einfach dazu und werden dem Kind später sehr dienlich sein. Ich denke, Kinder brauchen eine gezielte, auf ihre Bedürfnisse zugeschnittene Führung, um in das Leben hineinzuwachsen. Diese Gratwanderung zwischen Bewertung und Hilfe, zwischen Beistand und Vorhaltungen bedarf eines hohen Einfühlungsvermögens. Solange die Kinder noch unbedarft und frei agieren, solange denken sie nicht in dem Umfang und der Intensität über ihr Handeln nach wie die Erwachsenen. Erst durch Bewertungen und Anforderungen, welche an die Kinder gestellt werden, holt man sie aus ihrer denkfreien Welt. Wenn ein Kind nackt am Strand spielt und sich öfters in seine Schamgegend fasst, dann hat das auch seinen Grund. Die Kinder entdecken sich und werden sich ihres Körpers bewusster, auch wenn dieser Prozess noch im Rausch der Verspieltheit eher Nebensache ist. Sie erfahren auf ihrem Weg diese ganz natürlichen Prozesse, welche sie für ihre spätere Entwicklung benötigen. Wenn die Eltern dann oftmals dem Kind sagen, hör auf, Dich da anzufassen, das gehört sich nicht, dann werden diese natürlichen Vorgänge auf das Empfindlichste gestört. Das Kind fängt womöglich an, sich zu schämen oder völlig unnatürliche Denkrichtungen zu entwickeln. Ich glaube, es gibt leider immer noch viel zu wenige, die das Wissen haben, dass Kindererziehung eigentlich ganz leicht funktionieren kann. Nur orientieren sich viele in diesem System leider nicht mehr an dem, was natürlichen Ursprungs und Kraft unserer Mitte entsteht, sondern an dem, was das System als anständig und gesetzestreu vorgibt. Aus den Kindern, die völlig ungeniert und unbedarft sind, völlig in dem, was sie tun, verwurzelt sind, werden Menschen, die zu ständigen Denkprozessen gezwungen werden. Das ist genau das Gegenteil vom Leben im Jetzt. Alles, was dann geschieht, ist ein systematisches Wegführen von diesem natürlichen Leben aus der eigenen Mitte.

Das Verhalten gegenüber Tieren ist ja im Grunde genommen nicht viel anders. Viele Menschen dringen in den ohnehin schon begrenzten Lebensraum der Tiere ein und verändern dadurch das natürliche Gleichgewicht zunehmend. Wer erfindet denn solche Vorgaben und Gesetze. Das sind ebenfalls wir alle. Solange Du Dich in diesem System ganz getreu bewegst und dessen Anforderungen befriedigst, stützt Du es mit. Viele gleiten längst nicht mehr daher wie ein freier Adler. Sie sitzen mit gebrochenen Flügeln in ihrem Gefängnis und schauen zu, wie ihre Flügel verkümmern. Das ist sehr schade. Dabei ist alles, was Du benötigst, um wieder fliegen zu können, immer noch in Dir. Doch wie willst Du es aktivieren, wenn Du Dich als Teil von dem siehst, was Du in Wirklichkeit gar nicht bist. So viele Gegenpole, welche geschaffen wurden, um in diesem System das Be- und Verurteilen zu erhalten. Das sind gezielt gesteuerte Anreize, damit Du Dich in den Gegenpolen verlierst. Ziel ist es, ein immer weiteres Entfernen aus Deiner Mitte zu erzielen oder die Wiederentdeckung Deiner Mitte zu verhindern oder zu verzögern. Durch das Leben an diesem Ort entstehen Begierde und Angst. Begierde ist das Bedürfnis, sich durch sämtliche Künstlichkeit, welche das System Dir bietet, zu nähren, um dadurch immer vollständiger zu werden. Angst ist immer die Angst davor, etwas zu verlieren. Egal, was es ist, ob Gegenstände, Menschen oder das eigene Leben. Durch das Verlieren hast Du Angst, zurückgesetzt zu werden und weniger zu sein. Diese beiden Dinge sind so manifest, dass Du nicht mehr imstande bist zu erkennen, dass Du außerhalb Deiner Mitte existierst. Durch diese Dinge erzeugst Du ständig Konflikte in Dir und Deiner Außenwelt. Du kannst es fast täglich spüren, wie schmerzhaft es ist, inneren Widerstand zu leisten gegen das, was ist. Wenn Du das erkennst, wirst Du auch fühlen, dass es Dir jederzeit freisteht, Konflikte zu erzeugen oder zu begraben. Solange Du sagst, das bin ich, oder das ist mein Leben, verlierst Du Dich in einer Beziehung zu Dir selbst und erfindest immer neue Geschichten, um Dich gelöster zu fühlen. Nur kommt dieses Gefühl nie wirklich zustande. Solange Du glaubst, Dir bewusst sein zu wollen oder zu müssen, schaffst Du Dir eine Scheinwelt. Du bist nicht jemand, der sich Gefühlen, Gedanken und Emotionen bewusst sein muss, da Du all dies selber bist. Durch Dich treten diese Dinge in Erscheinung. Durch das Verlernen des Lebens im Moment ist eine Parallelwelt in Dir entstanden, welche Dich glauben lässt, dass Du genau das bist, was Du dort lebst. Indem Du Dich selber als den Hauptdarsteller erkennst, aus dem heraus sich die Geschehnisse entfalten, löst Du Dich aus der Abhängigkeit vom System. Du kommst davon frei, Dich ständig in Geschehnissen, Situationen und Umständen wiederfinden zu wollen. Du wirst solange davon abhängig sein, solange Dich die Geschehnisse beherrschen. Wenn das nicht mehr so ist, ist es völlig egal, was geschieht und was nicht geschieht. Die Dinge verlieren dann immer mehr an Bedeutung. Das Leben lässt Dich dann wieder diese Unbeschwertheit fühlen, welche Deiner Mitte entspringt, und genau dann bist Du wieder an dem Punkt, von wo Du Dich womöglich durch den Einfluss der Anderen in Deiner Kindheit entfernt hast.

Ich möchte gerne an dieser Stelle mal eine mögliche Geschichte erzählen, welche Dich vielleicht dazu veranlasst, die Dinge zu versuchen, bewusster zu betrachten. Nehmen wir mal an, Du bist auf dem Weg zur Arbeit und kommst in einen Stau. Deine innere Uhr tickt auf Hochtouren. Du wirst bemerken, dass diese Situation, dass der Stau sich nicht legt und, durch schleichende langsame Menschen noch verzögert, eine immer präsentere Anwesenheit Deiner Nervosität und Unruhe auslöst. Hinzu kommt noch die Angst, sich zu verspäten. Jetzt fängst Du vielleicht an, Deiner Unruhe noch Wut und Aggression hinzuzufügen und kochst innerlich. Jetzt nerven Dich Dinge, die Du vorher gar nicht so beachtet hast oder worauf Du ganz anders reagiert hast. Vielleicht nimmst Du das ältere Ehepaar, das Du immer morgens auf Deinem Weg nett über die Straße gewunken hast und das Dich nun daran hindert, die verlorene Zeit aufzuholen, einfach nur noch als störend wahr. Du verzerrst in diesem Moment Deine Sichtweise, weil Du nicht mehr imstande bist, bei Dir zu bleiben. Nehmen wir mal an, Du würdest den Gegebenheiten keinen Widerstand entgegensetzen und nehmen wir mal an, Du würdest solche Situationen annehmen lernen. Meinst Du denn, dann würdest Du unpünktlicher sein? Ganz im Gegenteil. Deine Wut bringt Dich keine Sekunde schneller ans Ziel. Im Gegenteil, Du verbrauchst dabei so viel Energie, dass Du damit ein ganzes Wohnhaus mit Elektrizität versorgen könntest. Wenn Du Dich mal jetzt ganz in Ruhe mit dieser Situation befasst und Dir bewusst bist, dann wirst Du fühlen, dass Du nichts änderst, indem Du wütend bist. Dieses eine Beispiel steht für so viele andere Begegnungen, welche Du hast und wo Du Energie verbraucht hast, die Deinem Körper Höchstleistungen abverlangen. Alle Menschen sind aber nicht mit einem endlosen Energiepotential ausgestattet. Es erschöpft sich im Laufe der Zeit. Wie schnell das geht, hängt von dem verschwenderischen Umgang mit dieser Energie ab. Du kannst Dir vielleicht schwer vorstellen, was genau geschieht, wenn Deine Energiereserven verbraucht sind, weil sich Dein jetziges Alter für Dich noch gut anfühlt. Nur entscheiden oftmals genau diese Energiequellen über Deinen biologischen Prozess. Wer

Verschwendung betreibt, der verlässt sich auf das, was nicht unbegrenzt zur Verfügung steht. Eigenartig, dass viele Menschen dort vertrauen, wo schon die Reserve auf Reserve läuft und dort, wo Vertrauen notwendig ist, Zweifel haben. Wenn Du also wieder Deine Mitte suchst und dann ohne Zweifel und mit Vertrauen Deinen Weg aus der Mitte gehst, dann bist Du im Fluss. Im Fluss sein heißt, energetisch völlig ökonomisch zu sein und sich nicht verschwenderisch zu geben. Reinheit und Natürlichkeit sind grundlegende Voraussetzungen für ein energie-effizientes Leben. Dabei ist es völlig egal, wie jeder diese Reinheit erlebt. Entscheidend ist, dass Du Dich ihr hingibst. Je mehr Du Dich in innere und äußere Abhängigkeit begibst, desto mehr lebst Du von der Künstlichkeit. Du wirst dann unentwegt Warnsignale Deines Körpers wahrnehmen. Warnsignale, welche Du als Schmerz empfindest. Dieser Schmerz kann sich manifestieren, wenn Du Dir nicht bewusst genug bist zu erkennen, dass Du der Schmerz bist und nichts anderes. Der Schmerz kam aus Dir und er kann auch wieder in Dir verschwinden. Du kommst aber an der Erfahrung und Begegnung mit Schmerz nicht vorbei, wenn Du erwachen möchtest. Er gehört zum Prozess, und je größer er ist, desto höher wird das Bewusstsein sich entfalten. Jeden Schmerz möchtest Du womöglich sofort wieder loswerden, ohne dass es Dich kümmert, was er Dir sagen will. Du deckelst ihn ein Leben lang in dem Glauben, dass nur der Deckel den Schmerz unter Kontrolle hat. Das ist trügerisch, denn der Deckel lässt Dich nicht mehr fühlen, was Du benötigst, um Dich zu verstehen. Alles, was Du Dir geduldig und im Vertrauen anschaust, hat auch eine Chance, in Dir die notwendigen Erkenntnisse erwachsen zu lassen.

Du bist der Stamm, der die Dinge fühlen darf und jeder Ast, der an Dir wachsen wird, muss erst die Kraft erfahren, sich selber halten zu können, ohne abzubrechen. So entsteht in Dir der Baum, der das Produkt des Zulassens dieser Prozesse ist. Würdest Du diese Dinge ständig ignorieren oder deckeln, dann keimen nur die Sprossen in Dir, welche aber nicht die Kraft besitzen, zu einem Ast zu erwachsen. Sie brechen in ihrem Wuchs und werden dennoch geduldig darauf warten, dass Du ihnen eines Tages den Raum und das Vertrauen schenken kannst, zu einer Stärke zu sprießen, um sich selbst halten zu können.

Erkenntnis lässt wahre Stärke in Dir wachsen. Nur durch Erkenntnis erfährst Du Wahrhaftigkeit und Reinheit. Voraussetzung für das Erkennen ist zulassen und gewähren. Was ist diese innere Stärke und was macht sie aus? Um das zu erfahren, musst Du nur zulassen. Um zuzulassen, benötigst Du wieder Vertrauen. Um zu vertrauen, benötigst Du Glauben. Es ist ein ewiger Kreislauf, welcher sich immer und immer wiederholt und wie Zahnräder ineinander greift. Was Du zuerst von diesen Dingen verstärkt fühlen kannst, ist dabei egal. Wichtig ist nur, dass Du fühlst, auf eine dieser Gegebenheiten aufspringen zu können, wann immer die Zeit dafür gekommen ist. Das dann zu erleben ist wie eine Erhebung. Die Dinge gewinnen dann, bedingt durch Deine stärkere Präsenz, mehr und mehr an Bedeutung. Nichts wird sich mehr in diesem Moment Deiner Präsenz entziehen, ohne genau betrachtet zu werden. Erst wenn Du Dich wieder abwendest, um in Dein vom Denken geprägtes Leben einzutauchen, wirst Du wieder Dinge erleben, welche Dich verzerren.

Ich selber habe das große Glück, einen Freund, den ich schon etliche Jahre kenne, als einen Begleiter auf meinem Weg erleben zu dürfen. Ohne dass er selber je diesen spirituellen Weg gegangen ist, war und ist er immer ein sehr präsenter, aufmerksamer Mensch. Heute ist mir auch klar, warum das so ist. Sein Leben vollzieht er ohne Wertung und Urteil anderen Menschen gegenüber. Dies ist dadurch möglich, weil in ihm eine hohe Form der Selbstliebe vorhanden ist. Er nimmt sich selber so, wie er ist, mit all seinen körperlichen und geistigen Gegebenheiten. Das ist Formvollendung von Sein. Er ist eine Art Springer, der sich in fast jede Situation seines Lebens gleiten lässt, ohne später das Gefühl zu haben, dorthin mit Unbehagen zurückzukehren. Solche Lichtgestalten sind oft der Lichtblick vieler Menschen, die ihre eigene von ständigen Denkprozessen übersäte Form durch deren Anwesenheit mit Licht erfüllt sehen. Solche Menschen fungieren dann oft als Deckel für die Anderen und lassen für den Moment eine Unbeschwertheit in ihrer Gemütslage erkennen. Sicher hat auch mein Freund in seinem Leben Schwächen entwickelt, die ihm keinen Raum lassen, seine kreativen Gedanken formzuvollenden. In seinem Fall geschieht das aber meist, weil er durch die Reaktion seiner Mitmenschen dazu herausgefordert wird. Diese Entscheidungsschwäche, welche er definitiv besitzt, ist darauf zurückzuführen, weil er anderen Menschen nicht wehtun möchte. Die eigenen Bedürfnisse stehen dann oft hinten an, weil die Mitmenschen, die ihn fordern, oft nur Teile ihrer eigenen Interessen befriedigen wollen. Da es wenige solcher Springer gibt, sind diese pausenlos im Einsatz und entwickeln dann selbst einen Drang, auch gerne mal wieder alleine und selbstbestimmend über einen längeren Zeitraum ihr Erleben gestalten zu können. Dieses Vorhaben erstickt dann oft an der Schwäche, nicht nein sagen zu können. Nun gibt es gewiss bei vielen anderen Springern auch andere Wesenszüge und Merkmale. Allein dieses Beispiel soll Dir zeigen, dass alles von dem, was Du benötigst, nicht nur in Dir ist, sondern auch womöglich bereits in Deinem näheren Umfeld stattfindet. Du musst also nur Deine Aufmerksamkeit gegenüber diesen Dingen erhöhen und versuchen, das in den Dingen zu entdecken, was wahrhaftig ist. Irgendwie zeigt jede dieser kleinen Geschichten, dass alles immer wieder auf die Intensität der Aufmerksamkeit zuläuft. Nur ist es nicht nur allein dieser Umstand, der Dich bewusster werden lässt. Viele andere Gegebenheiten, welche im Laufe der Zeit verkümmert sind, gehören ebenfalls dazu. Auf was ich besonders eingehen möchte, ist die Dankbarkeit.

Dankbarkeit erfährt auch erst diese Effizienz und Wirkung, wenn Du sie bewusst einsetzt. Dankbarkeit sollte nie von Erwartung genährt sein. Sie ist eine göttliche Form.

Solltest Du seit einigen Jahren mit einem Partner/in zusammen leben, dann werden sich viele Abläufe im Laufe der Zeit wiederholen. Ihr steht früh auf, müsst zur Arbeit. Sie macht Frühstück. Er bringt die Kinder in die Schule. Jeder der Beteiligten wird dies schon als selbstverständlich und angemessen betrachten. Oft entstehen Ungleichgewichte in Partnerschaften, weil einige Dinge, die getan werden müssen, unterbewertet werden. Egal, um was es sich dreht, Du hast oft verlernt, einfach mal nur Danke zu sagen. Es gibt kein Aufwiegen von Situationen, indem Du sagst, wenn ich das mache, macht sie oder er eben das.

Vermutlich gehen in vielen Beziehungen genau solche Dinge immer ihren schleichenden Weg und vermutlich findet sich jeder an der Oberfläche des Geschehens damit ab, aber in der Tiefe bleibt es oft eine unterschätzte Komponente, die den gewöhnlichen Alltag dadurch noch fördert. Jede Zeit ist die richtige Zeit, sich zu bedanken. Alles, was Du geben kannst, ohne etwas zu erwarten, wirst Du so zurückbekommen. Genauso wie Du Dich daran gewöhnt hast, etwas als selbstverständlich hinzunehmen, genauso könntest Du Dich doch daran gewöhnen, danke zu sagen. Es sind die kleinen Gesten, die in ihrer Summe die Qualität des Erlebens erheben. Du kannst also in allen Facetten und Farben danke sagen. Du kannst es täglich und stündlich tun. Du kannst Dich laut und leise bedanken, nur Du musst es tun!

Es gibt keine Formvollendung des Dankes. Der Dank ist facettenreich, voller Wärme und Lebensgenuss, welcher daraus entsteht.

Danke zu denken bleibt ein Gedanke, danke zu sagen überwindet die Schranke!

Nicht nur der Dank wird Dich bewusster sein lassen, aber durch Dankbarkeit erblüht Dein Kunstrasen wieder zu einem natürlichen Rasen. Wenn Du fühlen kannst, dass es für Dich eine Erhebung ist, Dich dafür zu bedanken, dass Du danke sagen darfst, dann wirst Du Begegnungen haben, welche sich Dir vorher so nicht zeigten. Vielleicht werden es Begegnungen sein, welche Dir bekannt vorkommen, aber die Ebene des Erlebens wird eine andere sein. Es wird sich freier anfühlen, und Du wirst fühlen, woanders zu stehen. Du wirst weiter fortgehen von Bewertungen und Zwanghaftigkeit und Dich mehr dem hingeben, wo Dir Antworten begegnen, welche Dich mit Behaglichkeit erfüllen. Es gibt mehr in Dir zu sehen als das, was Du Dir bisher immer angeschaut hast. Sie war es immer und sie wird es immer sein, Deine ureigene Sinfonie, welche Dich durch Dein Leben geleitet. Niemand schreibt die Noten für Dich. Du komponierst Deine eigene Sinfonie seit Deiner Geburt und trägst die Notenblätter dafür in Deinem inneren System. Du wirst vielleicht nun schon beginnen können, die Dinge und Ursachen nicht immer in anderen Menschen zu suchen, denn dies bedeutet meist Angst vor dem eigenen Versagen. Im Gegenteil, wenn Du Dich weiterhin in diesem lauten System voller Lügen und Scheinwelten fallen lässt, dann wirst Du die Ruhe nicht finden, welche Du benötigst, um Dir bewusster zu werden. Solange Du nur im System stattfindest, ist fast jeder Dialog, den Du dort lautstark führen musst, ein

Dialog mit Dir selbst. Versuche nur noch zuzuhören und dem Geschehen aufmerksam zu folgen, ohne Dich vom System weiter infizieren zu lassen. Höre genau zu und bleibe in der Stille! Vielleicht hast Du verlernt, in Stille zuzuhören, weil Du ständig, auch während Dir Dein Gegenüber etwas erzählt, bereits mit anderen Dingen beschäftigt bist. Du kannst Dich also völlig lautlos und in absoluter Stille bewegen, ohne etwas an Bedeutung der Momente einbüßen zu müssen. Im Gegenteil, Du wirst vielmehr bei Dir sein und Dich ruhiger und sorgloser fühlen, und Dein Gegenüber wird diese Veränderung in Dir als sehr angenehm empfinden.

Oft geben solche Dialoge zwischen den Menschen, welche nicht selten in Auseinandersetzungen enden, am Ende gar nicht mehr das wieder, was der eigentliche Inhalt und Anlass des Gesagten gewesen ist. Jede Reaktion und Behauptung erzeugt eine Gegenreaktion, und wenn Du Dir dann einmal anschaust, mit welchen Themen und Entgleisungen Du Dein Ego und das Deines Gegenüber fütterst, dann würdest Du in jeder bewussten Sekunde blass werden vor Erstaunen. Das ist dann alles andere als Wahrhaftigkeit.

Die heutigen teilweise bereits mutierten Formen von Auseinandersetzungen, in denen sich Menschen wiederfinden, welche nur noch laut und ohne Akzeptanz sich, ihr Gegenüber und die Welt anschreien, nehmen leider immer größere Ausmaße an. Wenn Du einem Menschen zuhören kannst und seinen Ausführungen lauschst, ohne diese dokumentieren zu müssen oder gar zu verurteilen, dann bist Du Dir bereits sehr bewusst und in Frieden mit Dir selbst. Jeder entscheidet selbst über sein Leben und begegnet auch seinem ganz eigenen persönlichen Schicksal. Du solltest den Dingen immer mit Verständnis, Rücksicht, Glauben und Dankbarkeit begegnen, ansonsten wird dein Weg und werden deine Begegnungen sich immer in dem Raum der Künstlichkeit verlieren. Solange Du Gegenstände und Äußerlichkeiten benutzt, um in Deinen Augen oder den Augen von anderen Deinen Wert zu steigern, kann diese Auseinandersetzung Dein Leben verzerren. Sei einfach Du selbst und beherrsche die Dinge, welche Dich in Deinen Lebensmomenten ausmachen, dann säst Du Samen von hoher Fruchtbarkeit. Sich dem hinzugeben, was ist und was Dir bereits in

Deiner Vorstellungskraft erscheint, befreit Dich aus immer wiederkehrenden Mustern. Du hast bereits entdeckte und verborgene Fähigkeiten. Diesen Fähigkeiten wieder Raum zur Entfaltung zu geben kann sehr befreiend wirken. Es gibt viele Motivationen, Dinge zu tun oder zu lassen, nur verschleiert oftmals der Weg des Lassens in dem Glauben, dann nichts verkehrt machen zu können, den Weg des Tuns. Es sind Deine ureigenen Ängste, welche sich Dir dann zeigen. Oft in Anspannung und mit der Frage verbunden, was könnte geschehen? Kommt meine entdeckte Fähigkeit auch so an, wie ich es hoffe? Werde ich durch mögliche Kritik nicht wieder in den Raum der Selbstzweifel zurückgeschickt? Alles, was Du tun kannst, wird schon dadurch gefühlt, dass es Dir Spaß macht und es in Dir Behaglichkeit auslöst. Wenn Du lernst, dass alle Eindrücke, die Dir begegnen, ein Geschenk sind, dann wirst Du sie auch anders betrachten lernen. Du beziehst daraus die Stärke und Motivation für Dein Tun. Alles, was Du mit Liebe, Spaß und Ehrlichkeit tust, macht Dich authentisch. Die Menschen, die an Deinen Fähigkeiten genauso viel Freude und Spaß haben wie Du, werden Dir wichtige Begleiter sein. Dich zu verwirklichen heißt aber auch, dass Du Dich zu jeder Zeit kennen solltest. Dazu musst Du Dich aber erst einmal selber verstehen, denn dann verstehst Du erst, was Dir begegnet. Es geht nicht darum, ob Du zu gewissen Ereignissen gehst oder sie zu Dir. Es geht darum, es zu erkennen.

Du kannst Dich jederzeit in der Liebe und Deinen Fähigkeiten verwirklichen. Alles wird sich zu jeder Zeit einem Wandel unterziehen, und diese Wandel werden immer schneller, je höher Deine Bereitschaft ist, diese Fähigkeiten zu verwirklichen. Nur dann lernst Du die Wege und deren Inhalte nicht zu werten, sondern anzunehmen. Du kannst dann jederzeit sagen: ich entscheide mich jetzt! Du kannst auch jederzeit sagen: ich entscheide mich nicht! Bleibe aber stets in der Aufmerksamkeit! Im Jetzt zu leben bedeutet ja letztlich, die Momente zu leben und zu sehen, dass die Dinge, die Dir begegnen, manchmal auch direkte Entscheidungen erfordern. Um nicht in eine Sackgasse des Hin und Her zu gelangen, bedarf es immer einer Präsenz. Natürlich kannst Du auch sagen, Dich jetzt nicht zu entscheiden, ist ja auch eine Entscheidung. Du erlaubst es Dir also, Dich jetzt nicht zu entscheiden, weil Du darauf

vertraust, dass sich zu gegebener Zeit ein Weg zeigen wird. Wenn Du es dann dabei belassen kannst und Dich ungeachtet der Entscheidung völlig aufmerksam dem Geschehen hingeben kannst, dann ist die Entscheidung, nun keine Entscheidung zu treffen, eine von Akzeptanz und Vertrauen geprägte Form. Wenn Dich aber noch Zweifel plagen und Du Dir weiterhin unsicher bist, dann prüfe Deine Einstellung noch einmal ganz genau! Manchmal stecken noch Vermutungen und Unsicherheiten hinter der Entscheidung. Wenn das so ist, dann begib Dich in die tiefere Ebene und versuche, über den Berg zu gehen und nicht vor ihm stehenzubleiben in der Annahme, ihn sowieso nicht erklimmen zu können. Es werden Dir in Deinem Leben ständig und überall Entscheidungen abverlangt, aber triffst Du Deine Entscheidungen auch wirklich ganz bewusst? Manche Momente erlebst Du als Welle, welche ja auch durch Wind und Gezeiten unterschiedliche Formen und Intensitäten haben kann. In Dir fühlst Du auch diese Wellen. Dieses Wellenschlagen gehört dazu. Es signalisiert Bewegung. Es setzt Impulse. Es macht Dich neugierig. Das können alles sehr spannende Empfindungen sein, welche Du erleben darfst. Unsicherheiten bei Entscheidungen kommen meist nicht nur aus Dir. Es sind die Begegnungen, welche Du hast und welche mit mehr oder weniger Pausen auf Dich einwirken. Gerne hörst Du vielleicht jemandem zu in der Erwartung, etwas gesagt zu bekommen, was für Dich gut sein kann. Alles, was Dir gesagt wird und was Du für Dich so annehmen kannst, fand aber bereits schon in Dir statt und wird oftmals nur noch als Zustimmung bei Unsicherheiten genutzt. Nicht einmal, was Dir im Leben begegnet und wann es Dir begegnet unterliegt einem Gesetz, welches Du einfach so nutzen kannst, wann immer Du möchtest. Du kannst Dein Schicksal nicht beeinflussen. Wenn Du es mal genau betrachtest, weißt Du eigentlich gar nichts über das Schicksal. Es kann alles sein oder nichts. Allein Dein Glauben gibt den Dingen erst die Wahrhaftigkeit. Die Kraft, loszulassen und anzunehmen. Was fühlt sich gut an und was nicht? Es ist alles eine Frage des Glaubens, der dahinter steht. Es ist das, aus was sich alles andere ergibt, Dein Glauben. Dein Leben ist Dein Weg und Dein Weg ist Dein Leben.
Du glaubst vielleicht an so viele Dinge und machst Dir selber den

Glauben oft zu Deiner persönlichen Qual. Alles, was Du erlebst und fühlst, hat im Grunde genommen mit Glauben zu tun. Dein Glauben hat Dich zu dem gemacht, was Du bist, und er hat Dich geformt. Es ist daher ratsam, sich die Dinge hin und wieder noch einmal zu betrachten und dann aus der erneuten Betrachtung heraus eine Entscheidung zu treffen.

Der Glauben hat die Kraft, Dein Befinden zu steuern und Dich in Licht und Schatten zu setzen. Bist Du erst einmal im Licht, möchtest Du da am liebsten gar nicht mehr heraus. Alles ist so schön hell und bewegt. Alles ist von Farben umgeben und singt und lacht. Immer, wenn Du solche Momente erlebst, weil Du daran glaubst, dann wartet bereits eine neue Herausforderung auf Dich. Oft fragst Du Dich dann vielleicht, warum Du nicht im Licht bleiben durftest. Es hat sich doch so schön und warm angefühlt. Es ist aber sehr ratsam, sich in solchen Momenten zu vergegenwärtigen, wo Du jetzt stehst und wo Du noch vor einiger Zeit gestanden hast. Je bewusster Du Dir wirst, desto öfter solltest Du diese Vergleiche ziehen. Oft vergisst Du sehr schnell, was Dich einmal ausgemacht hat und was Dich nun leitet.

Du musst das natürlich nicht tun, wenn es Dir auch so gelingt, aber oft habe ich gemerkt, dass es sehr dienlich sein kann, diese Vergleiche zu ziehen. Setze Dich nie unter Druck oder einem Zwang aus. Denke immer daran, dass Du alles darfst, aber nichts musst.

Wenn Du lernst, zwischen diesen Worten zu unterscheiden, dann begreifst Du die Tiefe des Dürfens und die Gewohnheit des Müssens. Du legst vielleicht Deine Aufmerksamkeit noch auf das Müssen, aber wenn du dir bewusster wirst, dann wirst du den riesigen Unterschied fühlen, welcher beiden Worten innewohnt. Bewusst gewählte Worte haben eine sehr tiefe Bedeutung und führen zurück zur Sprache aus Deiner eigenen Mitte. Wenn Du jedes Wort nun auch noch lernst, bewusst zu wählen und die Tiefe zu fühlen, die dahinter steckt, dann gelingt es Dir auch, noch besser in die Begegnungen einzutauchen, welche Du haben wirst. Du erlebst ja tagtäglich etwas, nur ignorierst Du meist, was Dir diese Begegnungen sagen könnten.

Mir fällt da eine kleine Geschichte ein, die mir selber passiert ist und an der ich gemerkt habe, wie ratsam es ist, sich seine Begegnungen genauer anzuschauen.

Ich fuhr die Straße entlang, und plötzlich kam da ein Postbote auf seinem Motorroller aus einer Nebenstraße. Ich erschrak, weil ich im ersten Moment dachte, er sei ein Polizist, wegen der Uniform. Ich hatte in der Schrecksekunde nur ihn wahrgenommen. Dann überlegte ich kurz, warum ich so erschrocken gewesen bin und verwarf diesen Gedanken dann erst wieder. Dann dachte ich aber, dass diese Begegnung etwas zu sagen hatte. Irgendwie hatte ich ja ein schlechtes Gewissen, als ich dem Postboten begegnete. Dann dachte ich, dass es damit zu tun haben könnte, dass ich nicht angeschnallt gewesen bin. Ich verwarf aber auch diesen Gedanken wieder, weil ich dachte, dass es nur noch einige 100 Meter bis zu Hause sind, und da wird schon nichts passieren. Es war eine spontane, der Gewohnheit entsprechende Entscheidung, obwohl ich mich sonst eigentlich immer anschnalle. Als ich mir dann diese Situation noch einmal anschaute, weil sie in mir etwas Merkwürdiges auslöste, dachte ich, dass ich mich jetzt lieber doch anschnallen sollte. Diese Begegnung hatte mir irgendetwas zu sagen, das fühlte ich mit einer sehr großen Intensität. Als ich Sekunden später an einen Kreisverkehr kam, stand alles voller Polizei und sie kontrollierten einige Fahrer. Ich hatte eine helle Jacke an und der Gurt war hervorragend zu sehen, sodass mich der Polizist freundlich durchgewunken hat. Ich bog dann in meine Straße ein und fuhr sehr beeindruckt nach Hause. Hätte ich die Begegnung mit dem Postboten ignoriert, dann wäre ich vielleicht angehalten worden und hätte zu Recht eine Strafe zahlen müssen, und was noch entscheidender ist, ich hätte mich in meinem Auto weiter unangeschnallt einer Gefahr ausgesetzt, die ich angeschnallt wohl eher hätte umgehen können. Es war also meiner Aufmerksamkeit für diese Begegnung zu verdanken, dass sich die Situation so entwickelte. Nun konnte ich sogar noch dankbar sein für diese Situation und freute mich sehr über diese Begegnung. Mir ist das so widerfahren, weil meine Aufmerksamkeit voll und ganz dem Moment gehörte. Wenn Du solche Situationen erlebst und versuchst, Deine täglichen Begegnungen genauso bewusst zu betrachten, dann wirst Du bald fühlen, dass Dein Weg sich ändert und sich in einer anderen Form zeigt.

Du kannst auch im täglichen Alltag üben, präsent zu bleiben, indem Du genau darauf achtest, wie Du jemandem etwas sagst und was Du ihm sagst. Wenn Du jemanden verletzt, dann wirst Du ihn auch zwangsläufig bewerten. Du weißt oftmals gar nichts über die, die Du verletzt. Oftmals kann man beobachten, wie Menschen sich nahezu fanatisch zerfleischen, nur um das Verständnis des Anderen zu erzwingen. Wem nützt dieser Zustand etwas? Wem nützt es, auch grade denen, die Du liebst, Schmerz und Leid zuzufügen. Dies alles gehört nicht zu Dir. Du benötigst es nicht. Du benutzt diese Erscheinung vielleicht noch aus einem von künstlichen Eindrücken und Erlebnissen genährten Umstand. Um zu fühlen, ob das, was Du sagst oder tust, wahr ist, solltest Du Dich ganz genau betrachten. Unzufriedenheit entsteht meist aus Situationen, die in Dir selbst stattfinden. Selbstbeobachtung wäre der erste Schritt für einen bewussteren Umgang mit dem, was Du tust und was Du sagst. Du beginnst dann, die Explosion in einen Knall zu verwandeln, und als nächsten Schritt verwandelst Du den Knall zu einem Leben ganz aus Deiner Mitte. Wenn Du einmal erwacht bist, wirst Du Dich öfter in der Wirklichkeit wiederfinden. Als Alice im Wunderland gewesen ist, war sie da im Wunderland oder zu Hause? Entscheide selbst! Durch den Weg des Wandels erfährst Du immer intensiver, wie sich Freiheit anfühlt, wenn Du sie in Natürlichkeit und Reinheit erleben darfst. Wir sind alle nur aus einem Grund auf dieser wunderbaren Welt. Wir dürfen sein und uns dafür bedanken. Dass aber Dein inneres Gleichgewicht vielleicht außer Kontrolle geraten ist, zeigt Dir, wie Du den täglichen Lebenssituationen begegnest. An Deinem ursprünglichen Sein hängen mittlerweile endlose Geschwüre der Künstlichkeit.

Willst Du einen Börsenmakler bedauern, der nach jahrelangem Leben in dieser künstlichen Blase seinen Job verloren hat. Natürlich können wir ihn bedauern, denn er war sich nicht eine Sekunde lang bewusst. Er ist ja selber zum Opfer geworden und hat mit dieser Opferhaltung noch andere zu Opfern gemacht. Ich persönlich entschuldige nicht sein Tun, sondern seine Unbewusstheit. Jedoch wird alles wieder irgendwann seinen Ursprung finden.

Erinnere Dich, was ich bereits schrieb. Es gibt ja in der Entstehung der

Geschichte zweifellos Erfindungen, welche unser Leben bereichert und dadurch verändert haben. Nur haben sich an diesen Erfindungen oft unzählige Geschwüre gebildet, welche bis zum Platzen voll sind mit Künstlichkeit und negativen Schwingungen. Jede Blase platzt einmal, wenn sie sich weiter ausdehnt. Das dramatische daran ist, dass Menschen, die in solchen Blasen leben und dadurch den Bezug zu sich selbst verloren haben, völlig hilflos sind, wenn diese Blase platzt. Das komplette Verlernen des Lebens im Jetzt und im Ursprung lässt sie dann in der Wirklichkeit wie Verlierer aussehen. Nur sind wir alle keine Verlierer, sondern stetige Gewinner. Nein, ich meine nicht den Lottogewinn oder das teure Auto auf Kredit. Ich meine die täglich wiederkehrenden Wunder, welche Dich tragen und führen. Das sind in erster Linie Deine Beine, aber auch Deine Arme, Deine Hände, Deine Augen, Deine Ohren, Deine Nase und Dein ganzer Organismus. Auch die Wunder der Erde und dem menschlichen Erfindungsgeist entsprungene Ideen, welche Wandlungen brachten, gehören zu unserer persönlichen Entwicklung. Nur finden letztlich Veränderungen immer in uns selbst statt. Sie können zwar ständig durch Prozesse, welche von außen auf Dich einwirken, gestört werden, aufhalten lassen sie sich aber nicht. Du wirst vielleicht ein Leben lang auf der Suche nach dem sein, was Dich erfüllt, wenn Du nicht lernst, es in Dir selbst zu finden. Wenn Du mit Deinem Leben nur ein kleines Stück sorgsamer umgehst, dann stellst Du Deine Weiche von rot auf grün und es wird sich Dein Stausee öffnen, um den Inhalt transformieren zu können. Natürlich musst Du Dir erst einmal bewusst werden, dass die Ampel vielleicht im Moment auf rot steht und dass der Fluss im Stausee endet. Du darfst darauf vertrauen, dass es so ist und wirst es auch alleine fühlen, wenn die Zeit gekommen ist. Nur dann wird es Dich stärker und weiser machen. Es geht nicht darum, Dir etwas einzureden, was Du vielleicht noch nicht fühlen kannst. Es geht darum, die Kraft, die Dir gegeben ist, in Deine Mitte zu führen. Jeder Fluss entspringt einer Quelle, und wenn Dein Fluss wieder fließen soll, dann geh an die Quelle! Erkenne wieder Dein wahres Ich, Dein höheres Selbst! Erkenne wieder, was Dich wahrhaftig trägt! Erkenne, was Dich reicher machen würde! Erkenne, was Deine Sehnsüchte sind! Setze dann hinter diese Erkenntnisse kein Aber, denn dieses Aber kommt nicht aus Deinem Zentrum, sondern wird Dir von Deinem Verstand suggeriert, um Dich zu verunsichern. Du darfst die schönen Dinge des Lebens gerne genießen und Dich dort bewegen, wo Du erfüllt bist, doch achte stets bewusst darauf, wo Du hingehst! Wenn Du Dir bewusst genug bist, wirst Du Orte finden, die so ursprünglich und schön sind, dass Du nur noch dort verweilen möchtest. Diese Orte werden mit allen Annehmlichkeiten ausgestattet sein, welche Du benötigst, um zu sein. In solchen Momenten des Empfindens werden dann immer wieder Reinigungsprozesse in Deinem inneren System aktiviert. Es werden dann bereits viele der künstlichen Anhäufungen in Dir abgetragen werden. Alles, was Dich weiterhin nicht bewusst sein lässt, erzeugt weiterhin um Dich herum künstliche Welten, welche dann wieder dazu beitragen, dass Du Dich aus Deiner Mitte entfernst. Du kannst das an etlichen Beispielen erkennen, welche ganz nahe in Deinem Umfeld stattfinden. Warum rauchen so viele Menschen, und warum trinken so viele Menschen so oft Alkohol? Glaubst Du, dass sie es nur und ausschließlich tun, weil es ihnen schmeckt. Menschen führen diese Produkte ganz gezielt zu sich, weil es Produkte sind, welche die Wahrnehmungssinne täuschen und beeinflussen. Niemand, der sich bewusst genug ist und der ein Leben im inneren Einklang führt, missbraucht diese Produkte. Unabhängigkeit zeigt sich erst dann, wenn Du Suchtmittel zu Dir führen kannst, ohne diese für die Beruhigung oder Täuschung Deines inneren Systems zu missbrauchen. Wenn Du wirklich bei Dir bist, dann brauchst Du Dich nicht berauschen zu lassen außer vom Meer. Alles Natürliche und Wahrhaftige ist in Dir und benötigt keine Täuschung! Niemand braucht Sonnenuntergänge, die Berge, die Landschaft herzustellen, um Dich zu befriedigen. Diese Dinge sind einfach da. Wie viel von diesen kostenlosen, kostbaren, reinen Schönheiten wird ein Mensch erleben, wenn er sein ohnehin schon verkümmertes Bewusstsein, dazu noch mit Suchtmitteln, täuscht. Die Natürlichkeit wird weiter getrübt, um die Künstlichkeit ertragen zu können. Nur finden genau in dieser Künstlichkeit oft die inneren und äußeren Konflikte weitere Nahrung, um sich zu entfalten. Hast Du schon mal Menschen erlebt, die wegen eines Sonnenuntergangs streiten oder darum, wer das beste Meeresrauschen hört. Was jeder als

Künstlichkeit und Natürlichkeit bezeichnet, kann er ganz einfach an sich selber prüfen. Wenn Du mal für einen Augenblick tief in Dich gehst und versuchst, zu fühlen, was Du wirklich für Wünsche und Sehnsüchte hast und Dich dem öffnest, dann weißt Du nun schon mal, dass es da etwas gibt, was vielleicht lange Zeit in Dir schlummerte und ständig gedeckelt wurde.

Wenn Du möchtest, nimm Dir ein Blatt Papier und schreibe Dir all Deine Sehnsüchte und Wünsche auf! Dann mache Dir eine Tabelle und schreibe links die Sehnsüchte und Wünsche, welche der Natürlichkeit entspringen, auf und schreibe rechts die Wünsche und Sehnsüchte, die der Künstlichkeit entspringen, auf! Du wirst erkennen, dass alle Deine Sehnsüchte mit einer Art Befreiung aus der Künstlichkeit zu tun haben. Gibt es demnach keine Sehnsüchte in der Natürlichkeit? Nein, die gibt es nicht, weil Sehnsüchte eine Sucht sind, welche meist Ausdruck eines starken Bedürfnisses nach Veränderung sind. Folgst Du diesem Hilferuf aus Deiner Mitte nicht und deckelst diese Sehnsüchte, dann erstickst Du in Dir das Feuer des Lebens. Wenn Du Dir bewusst genug bist, dann findest Du in den Worten meist schon die Erklärung, warum Du diese für Deinen Zustand wählst. Sehnsucht ist also nichts anderes als eine Sucht nach etwas. Es ist nicht die Sucht nach den Rauschmitteln. In Wirklichkeit werden diese nur benutzt, um die inneren Sehnsüchte zu ertränken.

Genau dieses Wort „Sucht" hat aber in der deutschen Sprache, etwas anders ausgesprochen, noch eine ganz andere Bedeutung. Es gibt die Sucht und es gibt das Wort „sucht", abgeleitet von suchen. Beide Worte haben eine völlig unterschiedliche Bedeutung, und sie beschreiben in der Rechtschreibung und Grammatik der deutschen Sprache völlig verschiedene Dinge. Ich erläutere dies deshalb, weil ich glaube, dass sich wenige so bewusst sind, diese feinen Unterschiede zu fühlen, aber das genaue Betrachten und Fühlen genau dieser Dinge, die im Alltag täglich ihre Anwendung finden, ist eine gute Übung für gezieltes Aufmerksamkeitstraining. Allein wenn Du Dingen und Worten, die auf Dich einwirken, eine ganz andere Aufmerksamkeit schenkst, ändert sich bereits die Empfindung und Bedeutung, die hinter dem Gesagten oder Geschriebenen steht. So kann ein Satz oder ein Wort, bewusster betrachtet, ganz andere Botschaften an Dich herantragen. Es kann dann sein, dass sich Unbehagen und Unwohlsein in Wohlbehagen und Seligkeit wandelt. Du kannst das dann so empfinden, weil Du nun beiden Polaritäten begegnen konntest. Genau diese Polaritäten benötigst Du wiederum, um bewusster zu werden. Nur wenn es Dir gelingt, durch Gegensätze Spannungen abzubauen und nicht zu erzeugen, wirst Du wieder Frieden in Dir erwachsen lassen. Der Schatten der Unwirklichkeit verschwindet dann immer mehr im Licht der Wahrhaftigkeit.

Vielleicht hast Du bereits bemerkt, dass ich immer, wenn ich beginne, Dir zu erzählen, wie Dein Weg aussehen könnte, ich immer wieder in den Fluss des Schreibens zurückkehre, ohne Rezepte zu nennen. Du wirst diese vergeblich suchen, denn bei mir findest Du nur Anregungen, wegbegleitende Aussagen und vielleicht noch Geschichten, die das Leben schrieb. Dein Rezept bist Du selbst, und alles, was Du auf dem Rezept aufschreibst, entscheidest auch Du selbst. In jedem Moment möchte ich Dich immer wieder mehr in die Aufmerksamkeit lenken, und im nächsten Augenblick sind es wieder andere Dinge, die ich versuche, in Dir zu wecken. Ich wiederhole mich nicht, weil ich nicht weiß, was ich schreiben soll, sondern damit Du immer direkt am Geschehen bleibst.

Fühle einfach wieder Deinen Tag und Deine Begegnungen! Nimm wahr, wie oft Deine Gedanken in der Vergangenheit oder der Zukunft schweben. Vielleicht träumst Du auch noch von gestern und sagst Dir, war der Tag gestern schön gewesen! In dem Satz steckt so viel von dem, was Dich nicht nur an der Oberfläche bewegt, sondern was aus Deiner Tiefe kommt. Allein damit, dass Du sagst, es war schön gewesen, verbindest Du vielleicht die Frage, warum kann es nicht öfter oder immer so sein? Da ist sie wieder, die Sehnsucht, stimmts? Wenn Du Dich weigerst, aufmerksamer zu sein, verweigerst Du Dir auch den Zugang zu Dir selbst. Nun, da Du aber gewiss nicht dieses Buch lesen wirst, ohne Erkenntnisse zu gewinnen, werden Dich genau diese bereits reicher machen. Sie werden Dir die Türen, welche in allen Richtungen von Dir verteilt zu finden sind, öffnen. Auf dem Weg zu diesen Türen wirst Du weiterhin Begegnungen haben, welche dem jeweilig angepassten Zeitpunkt Deiner Sichtweise entsprechen. Was ich damit sagen will, ist, dass sich Deine Sichtweise ständig ändern wird. In welchen Zeitabschnitten dies geschieht, ist sehr unterschiedlich, aber es geschieht ganz sicher. Wenn Du abends beim Spaziergang an einem Restaurant vorbeigehst, werden Dir ganz andere Eindrücke begegnen als auf dem Rückweg. Natürlich wird das Restaurant noch am gleichen Platz stehen, Du wirst erkennen, dass andere Gäste da sind oder sich die Gestik und Mimik der gleichen Gäste vielleicht geändert hat. Vielleicht betrachtest Du dieses Restaurant nun auch im Dunkeln, anstatt im Hellen. Alle diese Veränderungen werden Dir erst dann bewusster, wenn Du diese genauer betrachtest.

Mit Deinem Weg, welchen Du in Deinem Leben wählst, gehst Du eine persönliche Bindung ein. Achte stets darauf, dass Dir so wenig wie möglich entgeht bei Deinen Begegnungen! Wenn Du es mal genauer betrachtest, bist Du nämlich nie auf dem Rückweg, sondern gehst ständig vorwärts. Es mögen vielleicht manchmal gefühlte zwei Schritte zurück sein, bevor Du einen Schritt vorwärts gehen kannst, aber dennoch sind es immer Schritte, die Du vorangehst. Wenn Du zur Arbeit gehst und dann wieder nach Hause, hast Du vielleicht das Gefühl, nach Hause zurückzugehen, aber Du gehst stets vorwärts. Auch wenn Du einen Teil des Weges rückwärts gehst, gehst Du ständig vorwärts. Du kannst das nicht manipulieren, außer Dein Verstand sagt Dir, dass es so ist. Selbst Rückführungen, welche Dich in die Vergangenheit begleiten, lassen Dich stets vorwärts gehen. Eigentlich müssten sie Vorwärtsführungen heißen. Gefühlt gehst Du an Orte, die vielleicht der Auslöser Deiner Befindlichkeitsstörungen sind, aber in Wahrheit gehst Du vorwärts, weil Du etwas erfahren wirst, was Dich reicher macht. Wenn Du in einem Auto rückwärts fährst, bewegst Du Dich mit dem Auto rückwärts, aber dennoch führt der gesamte Lebensumstand Dich wiederum vorwärts. Lass Dir von Deinem Verstand nicht erzählen, dass es anders ist. Dein Verstand versucht, Dich immer wieder dorthin zu holen, wo er Dich kontrollieren kann. Du wirst vielleicht erst nur für den Moment des Lesens verstehen, was ich meine, und dieser Umstand verliert sich vielleicht noch, wenn Du in Deinen Alltag gehst, aber es wird sich Stück für Stück ändern. Du kannst alles schaffen, woran Du glaubst. Wenn es Dir gelungen ist, das

Verdrängen zuzulassen, dann kannst Du auch das Erkennen zulassen. Es begegnen Dir tagtäglich Dinge, und ob Du diese dann annehmen kannst oder verdrängst oder ignorierst, liegt an dem Grad Deiner Aufmerksamkeit und Deiner Sichtweise zum Zeitpunkt des Geschehens. Wenn Du erst mal die Dinge annehmen kannst, ohne diese zu bewerten oder zu sortieren, dann bist Du Dir voll bewusst.

Sicher ist der Weg, einer Bewertung aus dem Weg zu gehen, gerade am Anfang sehr schwierig. In fast jeder Lebenssituation bist vielleicht auch Du noch in die Bewertung gegangen. Es ging fast gar nicht mehr anders, weil oft Teile des gesamten Weges aus Bewertung bestehen. Wenn Du bewusst genug bist, wirst Du immer besser unterscheiden lernen und die Dinge viel besser einordnen können. Du wirst dann getragen werden von der Wahrhaftigkeit. All das gibt Dir wieder Natürlichkeit. Der Rest, der dann noch bleibt, ist nur Fassade und Selbstzerstörung. Denke immer daran, es geht nicht darum, dass Du dies musst, es geht darum, dass Du es darfst.

Auch ich bin heute noch stets dankbar für meine Erlebnisse und Erfahrungen. Es waren stets Dinge, die von Polaritäten getragen gewesen sind und deren Tragweite ich mir erst viel später bewusst geworden bin. Ich kann dieses Buch auch nur schreiben, weil ich alle meine Erfahrungen und Erlebnisse einsetzen kann. Erst unsere eigenen Erlebnisse, welche wir bewusster wahrnehmen, erhöhen unseren Horizont und vermitteln uns Inhalte. Doch selbst wenn man meint, zu verstehen, kann man oft noch gar nicht die Tiefe erkennen, die dahinter steckt. Oft sind mir Dinge begegnet, deren Wirksamkeit sich erst sehr viel später in mir entfaltete. Ich habe bemerkt, dass, mit genügend Aufmerksamkeit betrachtet, ich viel mehr in der Lage gewesen bin, die Feinheiten zu erkennen. So beginnt eine völlig andere Denkweise, und diese öffnet wiederum neue Horizonte. Mein Weg änderte sich nicht, weil jemand zu mir kam und sagte, so musst du es machen! Die größten Schritte habe ich gemacht, wenn ich durch den Schmerz ging und darauf vertraute, dass danach wieder neue Erkenntnisse entstehen werden.

Dieser Weg ist keine schnelle Wunderheilung. Dieser Weg ist Heilung in jedem Moment, wo er stattfindet. Sicher gibt es Wunder, aber diese sind etwas ganz anderes, und nach welchem Schicksalsprinzip diese dann geschehen, bleibt im Verborgenen. Sicher ist, dass niemand von den Betroffenen zwanghaft auf diesen Moment wartete. An einem bestimmten Punkt, wenn sich Wege kreuzen, entstehen solche Ereignisse. Nur werden sich diese Ereignisse nie genauso wiederholen, weil jedes Ereignis immer nur den Moment widerspiegeln kann, welcher gerade vom Schicksal begünstigt wird. Alles, was Du in diesem Buch lesen darfst, ist das Produkt eines Prozesses. Ein Prozess, welcher auch genau in diesem Moment des Schreibens weiterging. Dieser Prozess begann aber nicht, als ich anfing, das Buch zu schreiben. Der Prozess begann, bevor ich auch nur den Hauch einer Ahnung hatte, dass mein Leben ein Prozess ist. Du musst also nicht denken, dass mein Prozess abgeschlossen ist, nur weil ich mich bereit fühlte, dieses Buch zu schreiben. Ich fühle es als meine Aufgabe, in Dir etwas zu aktivieren, was eingeschlafen ist. Ich bin Dein Wecker ohne Ziffernblatt, der Deine Lebensuhr wieder zum ticken bringen möchte, ganz frei und ungezwungen.

Zwang und Zeitdruck werden Deine Suche verlängern und das Ergebnis entscheidend beeinflussen.

Suche mit Behutsamkeit Deinen ganz persönlichen Zugang zu Dir selbst! Erbaue Dir kein Zeitfenster! Allein der Umstand, dass Du bereit bist, etwas zu verändern, hat schon Früchte getragen. Du kannst Deinem eigenen Tempo vertrauen. Nimm nicht das Tempo anderer als Maß, denn Du bist Du und nicht die Anderen. Wenn Du in Deinem Tempo in die Tiefe schauen kannst, dann entdeckst Du wieder die wahren Schätze Deines eigenen Universums.

In Freiheit betrachtet, verraten sie Dir alles, was Du wissen möchtest. Alles, was Du über Dich erfahren wirst, sollte niemals Produkt unnötigen Drucks sein. Folge Deinem Dir möglichen Tempo und vertraue dem Geschehen. Du bist geführt und darfst Dich dieser Führung vertrauensvoll hingeben. Vielleicht scheint Dir die ganze Sache noch nicht so einfach, aber vielleicht scheint es auch nur so, weil die Erkenntnis in Dir, dass es nicht einfach ist, sehr manifest ist. Im Grunde ist das Wort EINFACH für den Zustand, den Du dann erleben darfst, fast eine Beleidigung. Solange Du behauptest, es ist nicht einfach, wird es auch so sein. Begegne den Dingen mit Leichtigkeit, dann verschwinden die Zweifel!

Erst, wenn Du erwachst und wenn Du verstehst, was Du Dir durch diese ständige Manipulation wegen des Lebens in der Künstlichkeit angetan hast, erst, wenn Du Deinen Körper um Verzeihung bitten möchtest, erst, wenn Du die Natürlichkeit in Dir so betrachten kannst, wie sie für Dich erschaffen wurde, erst, wenn Du aufhörst, Dich manipulieren zu lassen, erst, wenn Du Dich selber so sehen kannst, wie Du es benötigst, um Deinen Atem zu spüren, Deine Stimme zu fühlen, Deine Sinnesorgane zu nutzen, erst dann beginnt Dein Leben in der Wirklichkeit. Du wirst ein Erwachen fühlen und Deine Fragen werden wie eine Feder zu Deiner Antwort schweben. Solange Zweifel Dich beherrschen, werden diese Macht über Deine Seele haben. Du selbst gibst dem Zweifeln in Dir die Macht, weil Du Dich darin wiederfindest und diese Zweifel benutzt, um Dich selber zu rechtfertigen. Besinne Dich dessen, warum Du hier bist, denn das wird Dir stets und ständig gezeigt. Wenn Du dem, was sich Dir offenbart und Dir entgegen strömt, nicht die nötige Aufmerksamkeit schenkst, welche es benötigt, um zu erwachsen, dann werden sich diese Wellen der Bereicherung ständig an Deinen Deichen der Selbstzerstörung brechen und unerkannt dorthin zurückkehren, wo sie herkamen. Nutze die Wellen, denn sie geben Dir wahren Inhalt und Bezug zu Deinem Sein.

In Deinen täglichen Begegnungen wieder Dinge zu erkennen, welche Deiner Bestimmung entsprechen, ist einer der Schlüssel zurück zu Dir selbst.

Das geht aber nur, wenn Du aus der Bewertung gehst! Du siehst das gewiss in diesem System zur Genüge, dieses Prinzip der Bewertung. Da werden durch Äußerlichkeiten, durch Betrachten der Fassaden, Entscheidungen getroffen, weil die, die bewerten, dadurch, dass sie selber Opfer des Systems sind, die Wahrhaftigkeit des Gegenübers gar nicht wahrnehmen können. Es würde dem, der bewertet, vielleicht auch nicht viel nützen, solange sich sein Gegenüber selbst nicht bewusst genug ist. Wenn die Menschen wieder die Fähigkeit erlangen, die Wahrhaftigkeit des Seins zu fühlen, dann würden mit einem Mal aus scheinbar unfähigen Menschen leuchtende, strahlende Wesen mit unglaublicher Ausstrahlungskraft. Dazu fehlt aber leider in dieser hektischen, konsumüberfluteten Zeit die Fähigkeit.

Das ganze System ist in dieser Blasenform vielleicht gerade mal noch in Teilen des ursprünglichen Systems funktionell. Wer seinen Platz in der Gesellschaft sucht, um darin dauerhafte Zufriedenheit und daraus resultierende Wahrnehmungsfähigkeit zu finden, der bleibt ewig auf der Suche. Was er findet, ist oft nur Bewertung und Beurteilung seiner Person, an der er, mit geringem Selbstbewusstsein, schlimmstenfalls ständig scheitert.

Wie sollen Menschen, welche in Führungsebenen sitzen und über das Schicksal der Menschen richten oder entscheiden, dies aus dem höheren Selbst heraus tun, wenn sie gar nicht fühlen können, dass sie selber nur Marionetten des Systems sind. Die, dessen wahres Ich im Verborgenen bleibt, weil sie meinen, sich nur in der Blase verwirklichen zu können, bringen sich ständig um das Entflammen ihrer Wahrhaftigkeit. Niemand kann Dir wirklich sagen, was Du bist oder wer Du bist, außer er geht in die Bewertung. Was Dich selber betrifft, weißt auch nur Du am allerbesten, und vor allem bist Du der Einzige, der Dich wirklich kennt. Wenn Du Dich aufhalten lässt, weil Dein Gegenüber Dir sagt, dass Du nicht geeignet bist für das, was er sucht und Du glaubst daran, dann machst Du Dich immer wieder zum Opfer und glaubst nicht wirklich an Dich. Wenige würden auf die Idee kommen, sich um einen Job zu bemühen, der völlig außerhalb ihrer Fähigkeiten liegt. Jeder versucht das zu machen, was er auch glaubt zu können. In Wahrheit ist es doch so, dass Du Deine Fähigkeiten nicht nur dem Umstand zu verdanken hast, dass Du sie erlernt hast, sondern dass Du auch daran glaubst. Ein Handwerker, auch wenn er noch so viele Schulen besucht hat, wird doch erst ein guter Handwerker sein, wenn er an sich und seine Fähigkeiten glaubt. Ich rede nicht von Einbildung oder Hochmut, ich rede vom Glauben an die eigenen Fähigkeiten und das Umsetzen derselben in absoluter Präsenz. Jeder Handwerker, der in seine Arbeit eintaucht, Freude empfindet und absolute Präsenz zeigt, wirkt glaubwürdig. Er vertieft sich in das Geschehen und ist dabei absolut im Hier und Jetzt. Die Aufgaben werden gewissenhaft und zeitnah erfüllt. Leider zeigt die Realität diesbezüglich meist genau das Gegenteil. Das

Motiv zur Ausübung der Tätigkeit ist in erster Linie das Geld. Das heißt, durch die finanziellen Strukturen entsteht eine auf Verstandesebene geschlossene Verbindung zwischen dem Handwerker und dem Motiv. Wenn also keine Freude, Präsenz und absolutes Ausüben der Tätigkeit im Hier und Jetzt an erster Stelle stehen, ist ein gewissenhaftes Herantreten an das Problem gar nicht möglich. Ich sage nicht, dass das Problem nicht bewältigt werden kann. Ich sage nur, dass die Ausübung solcher Tätigkeiten meist weit unter den Möglichkeiten liegt. Dienstleistungen stehen in diesem System unter permanentem Druck. Unter Zeitdruck, finanziellem Druck und familiärem Druck. Das ist eine psychische Falle, welche sich immer enger zusammenzieht. Oftmals versuchen Menschen in dieser Vermischung, sich zu arrangieren, aber das setzt voraus, dass sie zu Kompromissen bereit sind. Doch solange Abhängigkeitsverhältnisse die Struktur prägen und solche Verhältnisse genutzt werden, um Ungleichgewichte zu schaffen, leidet nicht nur der Endverbraucher, sondern in erster Linie der Ausübende selbst. Hoffnung hingegen gibt der Umstand, dass sich in dieser Zeit dennoch viele Menschen begegnen, welche die Dienstleistung mit hoher Freude und Liebe zum Detail verkörpern. Diese Begegnungen gibt es bereits in fast allen Bereichen, und es werden immer mehr Begegnungen werden. Es werden sich immer mehr Menschen treffen, die mit der Öffnung ihres Bewusstseins vielleicht noch gar nicht so im Einklang stehen, aber sie fühlen, dass diese Begegnung etwas Erfüllendes hat. Auch wenn viele noch sehr scheu sind, sich zu öffnen, weil sie sich sehr tief in der gesellschaftlichen Blase befinden und die jahrelangen festgesetzten Strukturen immer wieder an ihnen zerren, erwächst mit jeder Öffnung ein neuer Glaube an sich selbst. Sicher wird auch das ein Weg sein, weil viele Menschen etwas Neues wollen, ohne das Alte ablegen zu können. Inwieweit Du Dich in dem Genannten wiedererkennst, kannst Du zu jeder Zeit erfühlen. Selbst wenn Du jetzt erkennst, dass Du immer mehr Annehmlichkeiten benötigst, um Dich in diesem System zu befriedigen, ist das schon höheres Bewusstsein. Ich muss hier nicht mehr beweisen, dass dies alles nicht wirklich glücklich und frei macht. Wer also glaubt, nur in diesem System sein Glück zu finden und sich vorführen lässt, bringt sich ständig erneut um den Reichtum des wahrhaftigen Glanzes des Lebens. Der Bedarf an Menschen, die sich diesem System unterwerfen, wird solange da sein, solange sich die Menschen missbrauchen lassen. In der heutigen Welt, wo Reichtum und Glanz dicht neben Armut und Elend existiert, machen selbst aus diesem Zustand skrupellose Geschäftemacher Profit. Sie finden ihre Arbeit dann sogar darin, die Armut öffentlich darzustellen, um den Menschen in der Welt des Glanzes dies als etwas zu verkaufen, was ganz weit weg von ihrer Haustür stattfindet. Nur tun diese Menschen nicht mehr, als genau in diesem Umstand sich selber wiederzufinden. Es ist die Angst und der Schmerz, welche gesättigt werden sollen, nach dem Motto: ein Glück, dass es mir nicht so geht. Das ständige Vorführen von Elend und Schmerz veranlasst dann die meisten nicht etwa, sich davon zu befreien, sondern sich davon zu ernähren. Solange Menschen glauben, nur durch das System funktionieren zu können, solange Menschen glauben, nur durch dieses System atmen zu können, solange funktionieren und atmen sie nicht selber. Oft kämpfen Menschen um den Platz in der Gesellschaft. Dies geschieht dann in voller Unbewusstheit und mit allen sich daraus ergebenden Konsequenzen. Sie nehmen alles in Kauf, was ihr Leben mit Annehmlichkeiten versorgt. Was steckt eigentlich dahinter?

Ich sprach ja bereits über den Erfindungsreichtum der Menschen. Elektrizität ist, auch wenn sie uns in der heutigen mutierten Form zum Verhängnis werden wird, eine genauso revolutionäre Erfindung wie das Flugzeug, und wir alle dürfen diese Annehmlichkeiten nutzen und uns daran erfreuen. Nur, wer nutzt solche Dinge bewusst? Dieses System ernährt sich nicht nur von Elektrizität in Form von Spannung, dieses System ist selber pure Spannung. Wenn Du nicht darauf achtest, wirst Du täglich mit dieser Spannung konfrontiert. Du bist den ständigen Gefahren, welche von längst zum Alltag gehörenden Sendemasten, Hochspannungsleitungen, Transformatoren und etlichen anderen elektromagnetischen niederfrequenten und hochfrequenten Strahlungen ausgehen, ausgesetzt. Du kannst Dich praktisch sehr schwer davor schützen, solange Du selber Teil des Systems bist. Sicher kannst Du dagegen einige Schutzmaßnahmen treffen, wenn Du Dir bereits bewusst genug bist, dass diese Strahlungen bereits längst Deine Gesundheit beeinflussen. Wenn Du nicht anders kannst, als Dich mit dem System zu arrangieren, dann triff aber bewusstere Schutzmaßnahmen, um Deinem Körper Ent-Spannung zu gönnen. Diese Maßnahmen können ganz verschieden sein. Wenn Du selber schon bewusster mit den Dingen umgehst, die längst zu Deinem Alltag gehören, dann überlege, wie viel von dem, was Du besitzt, Du tatsächlich zum überleben benötigst. Erinnerst Du Dich noch an diesen Satz? Auch hier kann er Dir wieder sehr hilfreich sein. Werde Dir erst mal der Dinge bewusst, welche in der heutigen Zeit eine Strahlungsbelastung darstellen!

Benötigst Du unbedingt W-LAN oder ein schnurloses DECT-Telefon? Wie oft benutzt Du Dein Handy, und benötigst Du diese ganzen Funktionen wie Bluetooth oder UMTS, welche die Strahlungswerte immer weiter erhöhen? Lasse Deine Elektroanlage, Computer, Elektrogeräte usw. auf Elektrosmog überprüfen und lasse Dich von einem speziell dafür ausgebildeten Fachmann beraten, wie Du Dich besser schützen kannst! Gerade im Schlafbereich ist eine Elektrosmogbelastung auf Dauer höchst gesundheitsgefährdend. Ich selber war erschrocken, als ich meine ersten Messungen durchführte. Es gibt ja kaum noch Bereiche, die nicht in irgendeiner Form belastet sind. Umso erfreulicher ist es, dass ich schon einigen Menschen helfen konnte, bereits mit wenig Mühe und ohne hohe Kosten eine Strahlungsreduzierung zu erzielen. Wir alle können in unserem näheren Umfeld bereits viele Maßnahmen treffen, um uns besser zu schützen. Es gibt so viel Literatur, mit der Du Dich befassen kannst und die Dir ausführlich zu diesem Thema Informationen gibt. Ich selber befasse mich mit dem Thema schon seit einiger Zeit. In meinem gesamten Berufsleben hatte ich hauptsächlich mit Strom zu tun. Da dies aber nicht Inhalt dieses Buches ist, gehe ich nicht umfangreicher darauf ein. Das wird in einem meiner nächsten Bücher der Fall sein, wenn es um die Verbindung zwischen Mensch und Schwingung geht. Ich wollte nur darauf verweisen, dass ein direkter Zusammenhang zwischen der elektrischen Spannung, der Spannung, die das System erzeugt, und Deiner inneren Spannung, auch Anspannung genannt, besteht. All diese Worte beinhalten stets den Begriff Spannung. Wenn Du Dich in diesem System bewegst, bist Du nicht nur der Spannung ausgesetzt, sondern vertiefst diesen Effekt noch mit den ständigen Stromstößen, die Du versetzt bekommst. Wer aber setzt sich freiwillig tagtäglich diesen Stromstößen aus? Wenn diese Stromstöße für Dich ebenso fühlbar wären wie der Stromschlag an einer defekten Elektroleitung, dann würde niemand sich weiterhin freiwillig dieser schmerzhaften Prozedur aussetzen. In diesem und durch dieses System erzeugte Stromstöße werden gar nicht mehr so wahrgenommen, weil sich im Laufe der Zeit durch das ständige Einwirken bereits eine Hornhaut gebildet hat.

Irgendwann, früher oder später, wirst auch Du Dich da wiederfinden, wo Du gar nicht sein möchtest. Das ist spätestens dann, wenn Du bewusster wirst. Wenn erst einmal dieser spannungsgeladene Zustand in Dir Einzug gehalten hat, dann wirkt er wie eine Droge und Du wirst Dich ihm umso schwerer entziehen können, je länger Du in ihm verweilst. Das Fatale ist, dass durch die Menschen um Dich herum, welche ebenfalls diese Stromstöße erfahren, sich die Spannungen potenzieren und eine Welle von Stößen an die Massen tragen, die sie förmlich aus der Bahn werfen. Je mehr Spannung auf die Masse trifft, desto höher wird die Gefahr eines Kurzschlusses. Du kannst das ganz direkt mit den Gesetzen der fließenden Energie vergleichen. Je näher der Strom der Masse (auch Schutzleiter genannt) kommt, desto höher ist die Gefahr eines Kurzschlusses. Wenn, fachlich ausgedrückt, sich der Außenleiter mit dem Neutralleiter oder dem Schutzleiter berührt, gibt es einen Kurzschluss. In der Elektrotechnik zwingt dann dieser Umstand entweder eine vorgeschaltete Sicherung oder einen Fehlerstrom-Schutzschalter zum Auslösen. In unserer Zivilisation setzt man dann Herzschrittmacher, neue Organe, neue Gelenke usw. ein, um die Defekte zu beheben. Für wie lange? Bis zum nächsten Stromstoß? Außerdem werden in unserer Zivilisation viele Faktoren den Kurzschluss noch begünstigen, obwohl sich die Polaritäten noch nicht einmal berühren. Da reicht ein Element, wie zum Beispiel Wasser, um den Kurzschluss zu begünstigen, indem dieses Element eine Brücke baut. Jeder Mensch trägt ein Element in sich. Es kann vielleicht das Wasser- oder Feuerelement sein. Jeder, je nachdem in welcher Konstellation oder Situation er sich befindet, kann mitverantwortlich für die Entstehung eines Kurzschlusses sein. Eigentlich erleben wir das doch schon tagtäglich um uns herum, wie spannungsgeladen die Massen aufeinander treffen und sich durch die dadurch entstehenden Kurzschlüsse ständig in eine Schwingung versetzen, welche sich zwangsläufig ungünstig auf unseren Organismus auswirken muss. Viele sind sich der Wirkung dieser Spannung, der sie sich aussetzen, gar nicht bewusst. Da geht ein Mensch täglich zur Arbeit in einer Bahnhofshalle. Über ihn rasen ständig die Züge hinweg. Er nimmt die Hektik und den Trubel, den die Menschen verursachen, gar nicht mehr wahr, weil der Körper auf Durchzug schaltet, um nicht zu kollabieren. Von dem ganzen Elektrosmog und den Abgasen, welche zusätzlich noch einwirken, möchte ich nicht mal reden. Der einzige Grund, der dagegen steht, ist die Aussage, ich bin froh, diese Arbeit zu haben. Hat das denn überhaupt noch etwas mit dem Leben zu tun, wie Gott es gemeint hat? Strom ist grundsätzlich ein Energielieferant, welchen Du nicht sehen kannst, aber wenn Du ihn anfassen würdest, wüsstest Du, dass er da ist. So musst Du Dir das mit den Menschen vorstellen. Es ist eine Überspannung in ihnen, welche als solche nicht erkannt wird. Man schreibt sie den Ängsten zu, welche die Menschen haben, aber woher kommen diese Ängste? Diese sind nichts anderes als ein sich zur Wehr setzen des Körpers, um zu zeigen, dass an den Lebensumständen, die derjenige führt, irgendetwas nicht im Fluss ist. Wie soll Dein Körper sich denn schützen, wenn er merkt, dass Dein Leben ihm nicht mehr die nötige Seelenruhe verschafft und Dein Weg absolut nichts natürliches mehr hat. In diesem Moment lauschen leider noch nicht alle Menschen in sich hinein und versuchen, das zu finden, nach dem die Seele schreit. Viele deckeln diese Symptome durch Medizin oder andere Maßnahmen, immer in dem Glauben, es wird schon wieder. Ja, was soll denn werden? Würdest Du Dich freiwillig jeden Tag an eine Steckdose setzen, diese öffnen und dann vom Strom naschen? Würdest Du Deine Hände in eine Sicherungsverteilung stecken, obwohl Du weißt, dass dort Strom fließt? Du setzt Dich nicht der Gefahr aus, von der Du glaubst, dass es eine Gefahr ist, weil genügend Medien, Menschen, Literatur und Dein eigenes Gefühl Dir sagen, dass es lebensgefährlich ist, so etwas zu tun. Nur weil Du diese Spannung in Dir nicht wahrnimmst, welche durch das ständige Zusammentreffen der Menschen in diesem System begünstigt und noch verstärkt wird, unternimmst Du auch nichts dagegen. Ist das nicht absurd? Da gibt es so viele Dinge, von denen Du weißt, dass diese weh tun, aber dieser Schmerz, der ständig vielleicht auch in Dir ist und der Dich ständig mahnt und sich Dir öffnet, um Dich wieder zu Dir selbst zu führen, dem versagst Du Deine ganze Aufmerksamkeit. Es ist nicht immer so, dass sich Menschen begegnen, wo dieser Zustand präsent ist. Im Gegenteil, ein Aufeinandertreffen von Menschen kann sehr angenehm sein, wenn dieses von Nähe, Aufmerksamkeit, hoher Präsenz und Tiefe geprägt ist. Du kannst Dich sogar ohne Worte und Unterhaltungen neben solche Menschen setzen und bekommst durch dessen Ausstrahlung ein Feedback, welches stille Kommunikation zulässt. Das kann ein Lächeln sein oder eine andere Art von reiner Aufmerksamkeit. Du wirst vielleicht nicht immer dort, wo sich viele Menschen befinden, Deine Begegnungen haben, sondern eher dort, wo wenige Menschen die Natürlichkeit mit Dir teilen können. An stillen Orten wirst Du viel intensivere Begegnungen erfahren als an Orten des ständigen Lärms und der Unruhe. Wenn Du einen Spaziergang machst, und Du kommst an 100 Häusern, vielen Restaurants und Geschäften vorbei, wirst Du im Schatten der Reizüberflutung bestimmt wenige Begegnungen haben, welche Dir Nähe und Behaglichkeit vermitteln. Wenn Du aber an einem von Palmen gesäumten, einsamen Strandabschnitt spazieren gehst und Du siehst in der Ferne ein Haus, welches mitten in der Ruhe steht, dann wirst Du wahre, tiefe und seelenverbundene Begegnungen haben. Es ist diese starke Präsenz, welche Du fühlen darfst und welche Dir durch die Natürlichkeit eine Form von Einzigartigkeit schenkt. Du kannst Deine gesamte Aufmerksamkeit auf nur diese eine Begegnung richten und Deine gesamte Aufmerksamkeit dorthin lenken. Ich möchte nicht behaupten, dass Du auch im Trubel mal Begegnungen haben kannst, welche von sehr starker Intensität sind, aber diese verlieren sich oft in der Künstlichkeit des Umfeldes. Begegnungen entstehen ja nicht erst im Moment des Zusammentreffens. Alles das, was entsteht, ist bereits schon in Dir, ehe das Ereignis Dir bewusst wird. Es ist also sicher, dass sich Deine Begegnungen immer in dem wiederfinden, was Du im Inneren bist. Du brauchst Dir keine Sorgen und Gedanken zu machen, warum dies oder jenes Dir im Moment begegnet ist oder geschieht. Es geschieht immer erst in Dir und dann kommt das Ereignis. Wenn Du jetzt bereit bist, erst mal zu erkennen, wer Du wirklich bist und was in Deiner Tiefe nach Aufmerksamkeit schreit, werden auch Deine Begegnungen ganz andere sein, und Du kannst Dich entspannt zurücklehnen und alles dem Fluss des Lebens überlassen. Wenn Du glaubst, manchmal ganz weit weg von dem zu sein, was Du wirklich möchtest und was Du in den Zeilen meines Buches lesen kannst, dann ist das nur Täuschung. Der Trick Deines Verstandes, der Dich immer wieder um den Verstand bringt. Du bist der Wahrheit und dem Leben so nah, dass es Dir in jeder Sekunde begegnen kann, wann immer Du bereit dazu bist. Du musst natürlich dazu tiefer in Dich hinein fühlen lernen und Dich auch annehmen können.

Eine der belebenden Übungen ist die Spiegelübung. Du stellst Dich vor den Spiegel und schaust Dich ganz bewusst an. Du schaust in Deine Augen und bewegst sie dabei hin und her. Du stellst Dir vielleicht noch eine Kerze auf und beobachtest nur Deinen Blick. Am Anfang wirst Du Dir selbst noch sehr fremd sein, weil Du etwas sehen wirst, was Du so noch nicht betrachtet hast. Diese Übung wird sehr tief und sehr aufschlussreich für Dich sein. Du wirst Dinge an Dir und in Dir sehen, welche Du so noch nie gesehen hast, aber sie werden da sein, vertraue darauf! Du wirst dann lernen, immer länger in Dir verweilen zu können, um Dich selbst zu beobachten. Es ist schon etwas Seltsames, dass die Menschen an sich selbst sehr schwer die Tiefe und Wahrhaftigkeit erkennen können, aber andere Menschen zu verurteilen, ohne diese im Spiegel zu sehen, das scheint oft sehr einfach. Denke immer daran, dass, wenn Du jemanden verurteilst oder bewertest, Du ihn ja im Spiegel sehen müsstest, weil Du ihn ja meinst zu kennen. Was Du aber siehst, bist stets Du selbst und Deine Vorstellung von dem Anderen, weiter nichts. Daraus darfst Du schließen, dass Du immer nur Dich selber siehst und nichts von dem, was Du glaubst, an dem Anderen zu kennen. Diese Spiegelübung hilft Dir also nicht nur, Dich selber zu betrachten und zu verstehen, sondern räumt auch gleichzeitig mit Deinen Vorurteilen und Bewertungen gegenüber Anderen auf. In Anderen etwas zu sehen ist immer nur eine Vermutung und hat vielleicht nichts mit dem zu tun, was wirklich ist. Hüte Dich deshalb vor Bewertungen und Begrenzungen, denn Du richtest das Schwert immer gegen Dich selbst. Die meisten Menschen finden sich oft, manche fast ständig, in ihrem Schmerz wieder. Nur ist das nicht ihr wahres Ich. Das wahre Ich, das höhere Selbst, besteht aus Liebe, Natürlichkeit und Wahrhaftigkeit. Es ist in uns allen und wird nur verdeckt von den Dingen, die die Menschen meinen zu benötigen, um erleben zu können.

Shakespeare schrieb einmal, sein oder nicht sein, das ist hier die Frage.

Ich könnte nicht einmal sagen, dass er Recht hatte, wenn ich mir der Tiefe dieses Satzes nicht bewusst genug wäre. Sein oder nicht sein hat nichts mit Leben oder Tod zu tun. Sein oder nicht sein kannst Du in diesem Zusammenhang vergleichen mit Dir und einem Roboter. Der Roboter kann nicht sein, weil er nur Befehle und Anordnungen ausführt und sich Gesetzen und Bestimmungen unterwerfen muss, für die er programmiert wurde, sonst wird er abgeschaltet. Du als Mensch hingegen darfst sein, weil Du die Freiheit besitzt, alles zu tun, was Dir Dein Bauchgefühl oder Dein Herz sagt. Meine Frage ist, worin findest Du Dich wieder? In dem Roboter oder in dem Mensch? Vielleicht teilt sich auch etwas in Dir und Du lebst beides. Ich weiß es nicht, aber Du schon. Machst Du gerade das, was Dir Spaß macht und Dich erfüllt, oder machst Du gerade etwas, was Du nicht tun möchtest oder vielleicht zu einem anderen Zeitpunkt? Gut, ich bin jetzt mal ein wenig mehr selbstverliebt in meine Fähigkeiten und sage, dass Du etwas tust, was Dir Freude bereitet, weil Du ja gerade mein Buch liest. Vielleicht hast Du auch Lust, nun jetzt gerade etwas zu tun, was Du eigentlich meintest, nicht machen zu können. Vielleicht sitzt Du auch gerade an einem schneeweißen Strand, auch wenn das nur in Gedanken versunken geschieht. Vielleicht sogar in einer Bucht, gesäumt mit Kokospalmen, welche bis ins Meer ragen. Möchtest Du vielleicht, dass die Zeit nun stehen bleibt und das Gefühlte nicht mehr vorbeigeht? Frage Dich doch mal selbst, warum Du das gerade jetzt empfindest und warum gerade an solch einem Ort. Vielleicht bist Du ausgehungert und nur für den Moment des Gedankens daran wirklich frei, es zu genießen. Vielleicht sagst Du auch, dass der Traum oder diese Vorstellung nicht vorbeigehen soll. Wie sehr benötigst Du das alles, was da gerade in innerlichen

Bildern zu sehen ist und ein Glücksgefühl aufkeimen lässt oder Deiner Sehnsucht Ausdruck verleiht? Wenn Du eine Sehnsucht spürst, fehlt Dir vielleicht nicht nur genau dieser Platz, sondern die Ruhe und Natürlichkeit, welche damit verbunden sind. Die Schönheit, die Du dann wahrnehmen kannst, hat eine zusätzliche sehr starke Wirkung auf Dein ohnehin schon in diesem Moment sehr starkes Bedürfnis, dies nicht mehr loslassen zu wollen. Wenn Du Dich nun entscheidest, wieder dorthin zu gehen, wo Dein Verstand Dich lieber sieht, dann unterdrückst Du erneut vielleicht schon zum hunderttausendsten Mal Dein ohnehin viel wichtigeres Bauchgefühl. Es ist in Deiner Tiefe nicht der Kommerz, der sich um Dich herum anhäuft, welchen Du benötigst. Du kannst dies oder Teile davon gerne in Anspruch nehmen, wenn Du dies sehr bewusst tust. Das kannst Du, indem Du maßvoller und bescheidener wirst. Du meinst, Du bist bescheiden? Dann schau Dich doch mal um in Deiner eigenen Umgebung und nimm nicht die als Dein Maßstab, die sich noch mehr leisten können, denn darum geht es nicht. Schau Dich um in Deiner Wohnung, in Deinem Haus, Deinem Garten! Betrachte alle Gegenstände, Deinen Kleiderschrank, Deine Anzahl Fernsehgeräte, Dein vielleicht teures noch nicht bezahltes Auto, welches in keinem Verhältnis zu dem steht, was Du Dir vielleicht wirklich leisten kannst. Betrachte alles, was Du nutzt oder was Du Dir angeschafft hast in dem Glauben, es nutzen zu wollen. Hast Du vielleicht eine Wohnung und ein Wochenendhaus und arbeitest nur noch dafür, Dir all dies zu erhalten? Wie viel kannst Du denn von dem nutzen, was Du erschaffst, wenn Du die meiste Zeit damit verbringst, es zu erhalten? Du wirst erschrecken, wenn Du das erste Mal den Rotstift ansetzt, um zu sortieren, wie viel Du von dem, was Du besitzt, wahrhaftig zum Überleben benötigst. Du könntest Dich wahrscheinlich beim ersten Test schon gedanklich von mehr Dingen trennen als Du tatsächlich dann tust. Wenn Du wieder bereit bist, Dich bescheidener und bewusster zu geben, dann wird Dein Leben Dir auch viel einfacher erscheinen.

Oftmals besitzen Menschen Gegenstände nur, um sich darin wiederzufinden. Da ist das Auto, das mehr Pferdestärken besitzt als das des Nachbarn, und wenn man dann auf der Autobahn unterwegs ist oder in der Stadt an der Ampel steht, dann braucht man nur aufs Gaspedal zu treten und schon ist man der Schnellste. Wenn dann einer kommt, der noch verrückter ist, dann belächelt man ihn vielleicht und sagt sich innerlich, ach was für ein Spinner. Anstatt sein Leben mit wertvoller Lebensenergie zu betanken, wird dann lieber noch mehr Benzin in die Autos getankt, um dem nächsten Kräftevergleich standzuhalten.

Vielleicht hast Du Dich mal in einer ähnlichen Situation gesehen und weißt sehr gut, was ich meine.

Oft schaue ich mir auch Bilder an in Häusern oder Wohnungen bei Menschen, denen ich begegne. Jedes Bild sagt mir so viel über den Menschen, der es sich ausgesucht und aufgehängt hat. Viele betrachten ihre Bilder als Kunstwerke, und ich muss gestehen, dass viele Bilder auch wirklich Kunstwerke sind. Diese Bilder sind für den Besitzer wie Spiegel. Sie sehen oft ihre eigenen Befindlichkeiten oder Gefühle in den Kunstwerken. Ich habe beobachtet, dass in vielen Fällen diese Menschen genau das Gegenteil von dem lebten, was sie in den Bildern sahen. Diese Bilder sind dann eine Art Ersatz für das, was in der Tiefe zwar erkannt wurde, aber nicht gelebt werden kann. Es ist eine Art Mischung aus „das bin ich" und „das bin ich nicht". Arme Unwissende, denke ich dann manchmal. Im Grunde sind es ja eben nicht nur diese Bilder, sondern vieles, was die Menschen so um sich herum anhäufen, gestalten und erwerben, wodurch sich ihr Wesen zeigt. Die Einrichtung des Hauses oder der Wohnung, die Tapete an der Wand, der Inhalt des Kühlschrankes, die Farbe und der Typ des Autos, ihr Berufsleben und vieles mehr. Daraus ergeben sich oft immer wieder ihre Verhaltensmuster, welche oft durch die Flut der äußeren Reize bestimmt sind und die inneren Reize vernebeln.

So triffst auch Du vielleicht täglich auf Menschen, welche durch kommerzüberflutete Einflüsse gestört sind. Du kannst Dich dem fast gar nicht mehr entziehen, wenn Du nicht gerade auf einer einsamen Insel bist.

Wirklich frei in dem, was Du tust, kannst Du immer nur dann sein, wenn kein Motiv dahintersteckt, welches Dein Verstand Dir vorgaukelt und welches Dich trägt.

Wenn du einmal in einem Kaufhaus bist, falls es dich dort noch hinzieht, dann beobachte mal ganz bewusst die Menschen, die hinter dem Verkaufstisch stehen, um ihre Produkte zu verkaufen. Achte mal ganz bewusst darauf, ob Du oder das Produkt im Fokus des Geschehens steht. Der Slogan lautet ja, der Kunde ist König, nicht das Produkt. Nur, was nützt es dem Verkäufer, wenn Du nicht benötigst, was er anbietet. Freundlichkeit und Aufmerksamkeit werden hier oft als antrainierte Eigenschaften anzutreffen sein, die dem Kunden das Gefühl vermitteln sollen, er sei König. Wenn ein Verkäufer sich besonders gut verkauft und noch das entsprechende Äußere mit bringt, dann mag es dem Käufer so vorkommen, als interessiere sich der Verkäufer für ihn. In Wahrheit geht es nur um das Produkt und nicht um Dich. Du bist nur solange interessant, wie Du die Absicht signalisierst, zu kaufen, oder vielmehr, solange der Verkäufer nicht weiß, ob Du bereit bist, sein Produkt zu erwerben. In vielen Geschäften braucht es dieses Bemühen der Verkäufer gar nicht mehr, weil der Kunde längst von Werbung und Empfehlung infiziert ist und ganz klar mit der Absicht kommt zu kaufen. Wirklich motivierte Verkäufer zu finden, welche im Trubel und Wirrwarr des Kommerzes aus ihrem Ursprung heraus diese Aufmerksamkeit anwenden, wirst Du sehr selten finden. Wenn ich als Berater dieser vielen Unternehmen tätig sein würde, was ich aber nicht bin, dann würde ich als erstes den Slogan ändern. Bei mir hieße es nicht, der Kunde ist König, sondern der Mensch ist König! In dem Moment, wo ich meine Aufmerksamkeit auf den Menschen lenke, der ja vielleicht sowieso schon in das Geschäft gekommen ist in der Absicht, etwas zu kaufen, brauche ich ihn doch gar nicht mehr wie einen König zu betrachten. Wenn die Aufmerksamkeit für diesen Menschen mehr im Fokus steht als das Interesse, etwas zu verkaufen, dann wirkt das um ein vielfaches wahrhaftiger und reiner. Eigentlich gehört das Augenmerk bei der Ausbildung solcher Verkäufer genau auf diese Wesentlichkeit gerichtet. Nur wird sich jemand, der sich bewusst genug ist, das zu sehen und aus der Mitte seines höheren Selbst agiert, nicht dem ständigen Mobbing oder dem Druck durch das System aussetzen und sich hinter einen Verkaufstisch stellen, wenn er dabei Menschlichkeit und Wahrhaftigkeit nicht vermitteln kann. Solche Werte findest Du sehr oft in Bioläden. Du spürst dort oft eine sehr warme und wahrhaftige Atmosphäre, welche Dich einlädt, oft eine längere Zeit dort zu verweilen. Sicher gibt es auch hier vielleicht Ausnahmen, weil sich auch diese Geschäfte oft in Gegenden befinden, wo ringsherum nur völlige Unbewusstheit existiert. Diese Welle kann dann schon mal auch bis dorthin hinüberschwappen.

Mir ist aber aufgefallen, dass in solchen Geschäften keine schreienden Kinder anzutreffen sind, die versuchen, ihrem Willen Ausdruck zu verleihen. Du findest oft Kinder, die wirklich noch mit ihren Eltern einkaufen und denen die Werte, die dahinter stehen, ganz unmissverständlich vermittelt werden. Die Kinder dürfen die Produkte und Waren selbst mit aussuchen und werden durch den Umstand, dass es sich um Bio-Produkte handelt, auch gleich in ihrem Bewusstsein beim Einkaufen trainiert. Natürlich geben die Eltern den finanziellen Spielraum vor, aber mir ist auch aufgefallen, dass es gar nicht die Mengen sind, welche dort eingekauft werden. Es geht auch oft um die Kontakte und Begegnungen, welche man in solchen Geschäften hat. Wer in solchen Geschäften hinter dem Ladentisch steht, wird diese Produkte, die er anbietet, auch selbst gerne kaufen, weil er an diese Produkte glaubt. Ihr werdet jetzt vielleicht sagen, es gibt genügend Menschen, die Produkte anbieten, von denen sie vielleicht wissen, dass diese nicht gesundheitsfördernd sind und diese dennoch kaufen. Diese Menschen handeln unbewusst, und oftmals werden Wahrheiten einfach verdrängt, um sich dem Genuss dieser Produkte uneingeschränkt hingeben zu können. Ich kann eigentlich schreiben, was ich will, ich habe das Gefühl, immer wieder an einen Punkt zu kommen, wo ich besonders intensiv fühle, wie künstlich und weit weg von der Wahrhaftigkeit dieses System und die Menschen dort drin funktionieren. Wie viel Dynamik und Bewegung steckt eigentlich noch in Deiner Wahrheit? Fast keine mehr. Dynamik und Bewegung stecken oftmals leider verstärkt in der Künstlichkeit und dem, was Du täglich tust, oder besser gesagt, glaubst, tun zu müssen.

Etwas als Traumwelt zu bezeichnen, was reinen wahren Ursprungs ist, und das Wort Realität für das zu setzen, was wirklich eine Traumwelt ist, halte ich für eine der Ursachen, warum Menschen nicht in der Lage sind, mit ihrem wahren Ich, ihrem höheren Selbst in Verbindung zu treten. In diesem System, wo sich Milliarden Menschen bewegen, da bewegen diese sich leider viel zu oft in einer Traumwelt. Wie viele Momente, die Du täglich erlebst, würdest Du nicht gerne mit Deinen von Sehnsucht geprägten Momenten tauschen? Glaubst Du das die Anhäufungen in Deinem Stausee dann verschwunden wären? Hast Du die Wahl oder nicht? Entscheide Dich selbst! Du weißt, dass Du auf Deine Fragen die Antworten selber finden darfst. Ich bin nur Dein Begleiter, Dein Wachrüttler, Dein momentan noch ersatzweise aktiver Teil, um Dich wieder zu Deiner Mitte zu führen. Wie kannst Du es schaffen, Dir bewusster zu werden, wenn Du oft noch an den sogenannten kleinen Dingen des Geschehens scheiterst? Nur ein Stück seiner manifestierten Position in der Unbewusstheit zu verändern, führt Dich weiter zu Deiner Mitte. Es ist eine sogenannte permanente Arbeit an Dir selbst, welche Du ausüben darfst. Ich selber bin stets bemüht gewesen und werde es wohl weiterhin sein, den Berg zu ersteigen. Ich bin neugierig, was sich hinter diesem Berg befindet. Es war immer so ein Bauchgefühl, welches mir sagte, geh über den Berg, dann wirst Du sehen, was dort wartet.

Früher habe ich immer gedacht, warum hast Du eine so stark ausgeprägte Neugier und so ein stark ausgeprägtes Verlangen nach intensiver Beobachtung. Ich habe dann einige Dinge mit Wehmut und Interesse betrachtet. Waren es Erinnerungen oder Begegnungen aus meiner eigenen Vergangenheit, die ich in diesen Dingen sah, oder waren das Dinge, die ich so empfand, weil mein eigener innerer Stausee bereits randvoll mit Erlebnissen und Ereignissen war? Heute weiß ich, dass mein Stausee ständig überlief und alles, was sich darin befand, völlig ungeordnet und unkontrolliert von Zeit zu Zeit überschwappte. Als ich erkannte, dass es diesen inneren Stausee gibt, stellte ich mir diesen erst einmal bildlich vor. Ich muss sagen, er wirkte sehr gewaltig auf mich und beeindruckte mich in seiner Größe. Nun ist das Leben aller Menschen ja voller Ereignisse und Erlebnisse, und der innere Stausee füllt sich so Stück für Stück. Ob Du Dich dem höheren Selbst jetzt schon öffnen kannst oder nicht, um an Deinen Stausee zu gelangen, liegt vielleicht auch gar nicht in Deiner Macht. Du weißt gewiss noch nicht, wie lange sich Dein Verstand noch gegen Deine Bauchgefühle durchsetzen kann. Du kannst darüber nachdenken, solange Du willst.

Du wirst Deine Antworten erst in der Zukunft bekommen, also in dem Moment, wo es dann geschieht. Wie viel Du mit den Antworten anfangen kannst und ob sie Dir dann dazu verhelfen, in dem Moment noch bewusster zu werden, wirst Du sehen, wenn es soweit ist. Ich habe mich so oft gefragt, warum ich so viele Dinge so erlebte, wie ich es zum Zeitpunkt des Geschehens empfand. Erst durch einen gefühlten Bewusstseinssprung fing ich an, die Dinge genauer zu betrachten, sozusagen nicht durch Glas oder von Nebel verhüllt, sondern wesentlich reiner. Heute begegnen mir immer noch so viele Situationen, welche den damaligen ähneln, jedoch kann ich in der Tiefe des Geschehens ganz andere Muster entdecken. Ich würde sagen, es hat sich verändert, weil mein Bewusstsein sich verändert hat. Ich hatte mich immer gefragt, warum ich früher beim Antritt unserer gemeinsamen Familienurlaube immer schon traurig war, bevor der Urlaub überhaupt begann. Es fühlte sich so an, als wenn es die Traurigkeit davor gewesen ist, dass es ja wieder vorbeigehen wird. Ich konnte also diese Urlaube oder andere schöne Dinge gar nicht richtig genießen, weil immer schon die Traurigkeit vor dem Ende dieser Zeit präsent gewesen ist. Ich lebte also immer in der Dimension der Zukunft, was mir eine Präsenz in der Gegenwart unmöglich machte. Erst war es eine Art Traurigkeit, weil ich ja als Kind nicht selber entscheiden konnte, wie lange ich dieses Gefühl genießen möchte. So fing ich an, immer schon an der Stelle der schönen Momente die nächsten schönen Momente planen zu wollen, am liebsten wieder an dem gleichen Ort. Ich sah den Ort als etwas an, was mich glücklich und zufrieden machte, und natürlich wollte ich dort nicht wieder weg. Ich lebte also immer in der Vergangenheit, um an meiner Zukunft zu basteln. Die Traurigkeit, diesen Ort wieder verlassen zu müssen, war so manifest in mir, dass ein Genuss des Momentes auf fast keiner Ebene möglich gewesen ist. Mir konnte nicht einmal auffallen, dass es vielleicht vielen Menschen um mich herum genauso ging. Viele Menschen lachten, waren ausgelassen und fröhlich, und ich dachte immer, die haben es gut. Da ich selber Fassade gewesen bin, konnte ich auch nur Fassaden sehen. Mit jedem Stück Bewusstsein, was ich mir erarbeitete, zerbröckelte diese Fassade und ich beginne seit diesem Zeitpunkt, Stück für Stück die Begegnungen reiner und klarer zu betrachten. Am Anfang habe ich mich dann gefragt, warum konnte ich das nicht früher sehen. Jetzt weiß ich, dass alles dann geschieht, wenn die Zeit dafür gekommen ist, und vor allem machst Du die größten Sprünge, wenn Du durch den Schmerz gehst und wenn es richtig weh tut. Natürlich erlebe ich solche Momente immer noch in mir, aber ich weiß nun, warum es so ist. Es ist entscheidend, was wir in frühen Jahren erleben und welche Eindrücke auf uns als Kind einwirkten. Es gibt so viele seelische Belastungen in fast jedem von uns, vielleicht auch in Dir. Du solltest Dein Leben sortieren und alles, was Du erlebt hast und was für Dich Schlüsselerlebnisse gewesen sind oder vielleicht auch Dinge, die sich noch vermeintlich unbedeutend anfühlen, genauer betrachten. Alles, was Dich ein Leben lang begleitete und was Du manifestiert hast, wird, je länger Du es in Dir trägst, immer manifester. Es dann loszulassen wird natürlich seine Zeit in Anspruch nehmen. Verlieren wirst Du die Dinge vielleicht nie, aber Du kannst sie in Frieden annehmen und neu betrachten und Dich wieder mehr und mehr dem Leben öffnen, welches Dir den wahren Bezug zu Dir selber schenkt. Dabei können Dir Dinge begegnen, welche wieder Schmerzen bereiten, aber wenn Du Dir und den Anderen vergibst, dann wirst Du Dich freier fühlen. Vergebung ist nicht nur ein großes Wort, sondern auch Teil der Seelenbefreiung. Es ist aber wie mit allen Dingen, je präsenter und intensiver Du diese angehst, desto höher wird die Empfindung sein, die dann folgt. Wenn Du so willst, ist es eine Art Heilungsprozess, der dann beginnt. Er ist ohne Risiken und Nebenwirkungen. Du wirst das Öffnen neuer Dimensionen in Dir wie eine Art zweite Lunge fühlen, durch die Du atmen darfst. Jetzt, da Du Dir vielleicht bewusster bist, darfst Du die Erlebnisse nun durch eine neue Lunge atmen und neu filtern. Nun erstellen sich Vernetzungen und Verknüpfungen vergangener Erlebnisse mit gegenwärtigen Momenten.

Ich weiß, dass ich auf meinem Weg immer noch gerne an Stätten von Begegnungen zurückkehre, wo ich früher gewesen bin. Es entstehen dann auch oft gemischte Gefühle. Einerseits kommt das damalige Gefühl durch und andererseits erkenne ich eine Wandlung durch die gesteigerte Aufmerksamkeit und durch meinen bereits zurückgelegten Weg zu meinem höheren Selbst.

Oft begegnen mir nun Situationen an Menschen, die ich früher nur in mir selbst finden konnte. Ich sehe, wie Menschen so viel Zeit damit verbringen, sich in ihrem Urlaub schon mit der nächsten Reise zu befassen, dass sie gar nicht in der Lage sind, den Moment zu leben. Jede Information von anderen Menschen, welche sich am gleichen Ort aufhalten, wird erst einmal neugierig aufgesaugt und abgespeichert. Die dadurch gebildeten Interessengemeinschaften haben oft nur ein Ziel: den Austausch von Informationen, um für sich selbst vorbereitet zu sein und entsprechend schnell agieren zu können. Im Grunde genommen findet sich der Eine auch nur in dem Anderen wieder. Das Interesse füreinander ist meist begrenzt auf die Zeit des Informationsaustausches oder des Urlaubes. Im Grunde gehen diese Menschen von dort weg, wo sich ihr Lebensmittelpunkt befindet und finden dort, wo sie sich befinden, automatisch mehr oder weniger die gleichen Begegnungen vor wie zu Hause. Es ist also kein wirklicher Weggang aus dem Alltag, ohne nicht gewisse augenscheinliche Annehmlichkeiten mitzunehmen. Sie suchen im Woanders die gleichen Antworten und haben diese doch stets und ständig immer in sich selbst, egal wohin sie gehen. Für mich war es stets wichtig zu sehen, ob meine Begegnungen in gegenseitiger Aufmerksamkeit fruchteten. Auch Du kannst das sehr gut erkennen, wenn Du Dir bewusst genug bist. Wenn Menschen von ihren persönlichen Dingen berichten, und Du hörst ihnen aufmerksam zu, gibst Du ihnen das Gefühl von Interesse an ihnen und ihrer Geschichte. Um dieses Interesse zu erhöhen, kannst Du auch noch die eine oder andere Frage stellen. Das zeigt Deinem Gegenüber Deine absolute Präsenz. Wenn Dir die gleiche Aufmerksamkeit zuteil wird, darfst Du das genießen, wenn nicht, ist das auch nicht so schlimm. Es reicht, wenn Du Dir bewusst bist und bewusst bleibst. Dein Gegenüber weiß es noch nicht besser, aber auch er wird erwachen. Wenn Du nicht in Erwartung bist und aus der Bewertung gehst, dann lernst Du wieder, Deine Handlungen nicht abhängig von dem zu machen, was Dir begegnet. Du kannst vielen Menschen öfter begegnen und allein, wenn Du aufmerksam genug bleibst, wirst Du jedes Mal dennoch mit diesen Menschen andere Begegnungen haben. Wenn Du an Orte gehst, wo Du früher schon einmal gewesen bist, dann beobachte nun alles noch einmal mit Deinem neuen Grad an Bewusstsein. In allen Eindrücken stecken Unmengen von Informationen, welche es zu erkennen gilt. Selbst diese erneute Begegnung an bekannten Orten wird ganz andere Informationen für Dich bereithalten, als es in früheren Begegnungen der Fall gewesen ist. Ich habe mich auch so oft gefragt, warum ich immer wieder an bekannte Orte gehe, doch wenn ich einmal genauer hinschaue, hat sich bereits so viel verändert, weil auch ich mich verändert habe. Du darfst nun Deine Eindrücke und Erlebnisse bewusster verarbeiten, kannst alles besser sortieren und zuordnen. Dies alles geschieht mit jedem Augenblick des Lebens, in dem Du stattfindest. Wo das ist, spielt letztlich keine Rolle, denn es geschieht ja in Dir. Ich glaube manchmal, Begegnungen in alten Strukturen zu suchen gehört auch zu Deinem ganz persönlichen Weg. Du verlierst Dich ja nicht mehr in solchen Momenten, weil Du Dir ja schon bewusster bist. Wenn Du also an Plätze zurückgehst, wo Du eigentlich gar nicht sein möchtest, dann darfst Du darauf vertrauen, dass Du dann auch nicht dort wärst. Alles, was Du im Jetzt beobachten kannst, wird in Dir völlig neue Sichtweisen entstehen lassen. Du kannst alles, was Du fühlst und erlebst, in Worte kleiden. Du kannst Dir vorstellen, wie es wäre, wenn Du Teil dessen wärst, was Du da gerade erlebst. Du kannst Dir die tollsten Dinge ausmalen und bekommst so den ganzen Zauber Deiner Eindrücke ungefiltert in Dein System transportiert. In der Natur entdeckst Du die wahren Wunder, und wenn Du alles aufmerksam genug betrachtest, dann kannst Du in jeder Kleinigkeit etwas Fantastisches entdecken. Du wirst sehen, wenn der Ast sich biegt, weil der Wind ihn sanft streichelt oder der Baum gefühlvoll hin und her schwingt, um im Wind zu tanzen. Du wirst die Vögel hören und ihrem Gesang lauschen. Du verlierst Dich vielleicht auch in der Schönheit der Wolken, welche vorüber ziehen. Vielleicht fühlst Du auch, wie Deine Haare vom Wind gestreichelt werden, wie Deine Augen leicht anfangen zu tränen, weil der Wind behutsam mit ihnen spielt. Es geschehen so viele Dinge, und sie können Deine Aufmerksamkeit fesseln, solange Du es zulässt. Du kannst abends das Abtauchen der Sonne hinter den Bergen oder im Meer beobachten und in diese Situation so tief eintauchen, dass Du ihr ein schönes Gedicht oder einige Verse widmest.

Ich hatte so eine Begegnung bei einem der vielen Sonnenuntergänge, welche ich anschauen durfte. Ich war in diesem Moment so verzaubert von der Schönheit dieses Naturschauspiels, dass ich voller Inspiration war und diese Zeilen aufschrieb. Vielleicht könnte sich das dann so anhören:

Die Sonne sank herab, so groß, leuchtend und kraftvoll. Jedoch erschien sie so friedlich. Sie sank herab, und die wenigen Wolken hüllten sie in Schleier der Behutsamkeit. Sie tanzte auf dem Berggipfel und spielte mit ihm. Das lebendige Meer lud ihre Farben und ihr schillerndes Wechselspiel ein, um sie auf seiner Oberfläche tanzen zu lassen. Die Sonne löschte ihren Durst in den Fluten des Meeres, um am nächsten Tag in all ihrer Herrlichkeit und vollem Glanz auf der anderen Seite zu erstrahlen.

Wenn Du diese Zeilen liest, entdeckst Du vielleicht, welche Tiefe diese tragen. Sie lösen in Dir in diesem Moment vielleicht ein Gefühl aus, was sehr intensiv ist. Immer, wenn es solche tiefen Momente gibt, habe ich mich von Teilen der alten Struktur verabschieden können. Ich konnte fühlen, dass es an der Zeit gewesen ist, einige gewohnte Strukturen nun ziehen zu lassen. Ich war bereit, mich von ihnen zu lösen. Da es ja viele Gewohnheiten sind, welche sich in mir manifestiert haben, wird dieser Prozess sich in meinem Leben noch einige Male wiederholen. Das ist der Reinigungsprozess, von dem ich in diesem Buch bereits gesprochen habe. Ich habe dieses Verabschieden stets aufgeschrieben, wenn ich fühlte, dass es soweit gewesen ist. Manchmal konntest vielleicht auch Du schon fühlen, dass es Zeit war, Abschied zu nehmen, aber Du hast es im Taumel der Gewohnheit oder dem Glauben, dies doch noch zu benötigen, vielleicht wieder verdrängt. Wenn Du mehr Vertrauen gewinnen kannst, dass das, was Dir Deine Seele erzählt, auch wirklich Ziel und Inhalt Deines Lebens ist, dann wirst Du die Zeitpunkte des Loslassens erkennen und Dir sicher sein, dass Du damit neue Dinge annehmen kannst. Sie werden Dir begegnen, weil Du nun offen dafür bist. Denke aber weiterhin daran, dass alles ein Weg ist und Ungeduld kein guter Ratgeber ist. Alles was Dir begegnete, ist immer Teil Deines Weges gewesen und wird es auch weiterhin sein.

Ich möchte hier gerne nachfolgend einmal erzählen, wie einer meiner ersten Abschiede aussah, welchen ich fühlte und dann gleich zu Papier brachte. Vielleicht sieht ja einer Deiner ersten Abschiede auch so aus oder so ähnlich, oder völlig anders. Du darfst gespannt sein.

Hier nun mein Abschied:

Ich glaube, es ist nun endlich an der Zeit, sich von den Dingen zu verabschieden, welche für mich eine Illusion bleiben. Sich dem zu öffnen, was mir begegnet, ohne darin meine Illusionen widerzuspiegeln, lässt die Dinge um mich herum viel wahrhaftiger erscheinen. Es trennt sich die Wahrheit vom Zwang. Mir ist bewusst geworden, dass ich auch im Regen lachen kann und nicht nur, wenn die Sonne scheint. Eine Sonne, die ich mir auch nur selber malte und die nicht so leuchten konnte wie die natürliche Sonne unseres Planetensystems. Es geht nicht darum, das wegzuschicken, was mir begegnete oder weiterhin begegnet, um mich zu schützen. Es geht darum, diese Begegnungen nun anders zu betrachten. Dies gibt mir eine völlig neue Dimension des Empfindens. Wie kann ich wissen, welchen Inhalts meine Begegnungen wahrhaftig sind, wenn ich ständig in diesen Begegnungen etwas suche und es mich dadurch nicht finden kann.

Aus dieser alten Struktur bleiben einzig und allein das genaue Betrachten und die Erkenntnisse übrig, welche mir zu mehr Nähe zu mir selbst verhelfen. So brauche ich nicht mehr die Nähe zu Dingen zu suchen, welche in mir nur Illusionen auslösen. Ich kann nun endlich diesem Teil meiner alten Struktur Lebewohl sagen und mich dafür bedanken, dass ich durch diese Begegnungen auch meinen Weg zu mir selbst Stück für Stück wiedergefunden habe. Ich bedanke mich bei all denen, die mich auf meinem Weg begleitet haben. Sei es, dass sie sich dieses Umstandes bewusst gewesen sind oder nicht, das spielt dabei überhaupt keine Rolle. Diese Begegnungen gehörten zu meinem Weg, und alles, was mir weiterhin begegnet, wird immer Teil meines gesamten Weges sein. Natürlich werde ich nicht weg sein, auch wenn es sich vielleicht für einige Menschen, welche noch nicht bewusst genug sind, so anfühlt. Wenn auch diese Menschen erwachen, dann werden auch sie dieses Gefühl des Abschiedes von alten Strukturen empfinden und neue Begegnungen haben, welche ihnen dann vielleicht sogar bekannt vorkommen.

Das war einer meiner ersten Abschiede von der alten Struktur und zugleich eine meiner tiefsten Empfindungen, die ich hatte. Im Moment des Abschiedes wurden noch andere Dinge sichtbar und vertieften diesen Augenblick noch. Es war, als wenn das Tor zu etwas Neuem aufgestoßen wurde, und dieser Zustand ließ wieder viel mehr Raum entstehen, Raum für neue Begegnungen und neue Eindrücke. Sicher gab es diesen Raum schon immer, aber wie konnte ich diesen Raum wahrnehmen, wo doch so viele andere Dinge im Vordergrund standen und mir die Sicht nahmen. Mein Leben war von so vielen anderen Empfindungen beherrscht. Wenn ich mir diesen Weg zu mir selbst einmal genauer betrachte, dann ist er noch gar nicht so lang, und doch kommt es mir schon sehr lange vor. Wenn ich dann noch einmal genauer hinschaue, begann dieser Weg schon weit vor der Zeit meines gefühlten Erwachens. Ich fing dann einmal an, zu sortieren, wo der Weg eigentlich begann. Im Grunde begann er am tiefsten Punkt des Schmerzes meines Lebens, und was dann folgte, war der Weg. Ich weiß noch sehr gut, wie weh es getan hat, dort zu stehen, an diesem Punkt des Abgrundes. Ich hatte das Gefühl, dass gar nichts mehr weitergehen würde und suchte verzweifelt nach Auswegen. Sicher hätte ich mir mein heutiges Wissen schon zum damaligen Zeitpunkt gewünscht, aber dann wäre es ja kein Weg gewesen, sondern Zauberei. In einiger Zeit werde ich noch mehr erwacht sein und den Schmerz, der mir noch heute begegnet, mit dem neuen Wissen gar nicht mehr fühlen müssen, aber wenn es die Vergangenheit nicht gäbe, dann gäbe es auch keine Gegenwart und keine Zukunft. Diese Dinge gehen ineinander über und bilden vereint unser gesamtes Lebenswerk. Ohne Vergangenheit keine Zukunft. Wie Du die Gegenwart erlebst, hängt davon ab, wie bewusst Du Dir bist. Je bewusster, desto mehr wirst Du den Moment genießen können und Dich nicht fortwährend in dem Erlebten oder dem, was Dich vielleicht erwartet, verlieren.

Ich weiß, dass meine Ängste eine sehr präsente Form hatten und dass ich spürte, wie mit jedem Moment der Befreiung von alten Mustern und dem Leeren des inneren Stausees diese Ängste ihre Intensität und Stabilität verloren haben. Wenn Du vielleicht gerade an solch einem Punkt stehst, von dem Du sagst, es geht nicht mehr, dann bist Du genau dort, von wo aus Du die besten Chancen hast zu erwachen. Du stehst dann an einem Punkt, wo Du dann sagst, O.K., es ist jetzt so. Was kann ich tun? Du kannst eine ganze Menge tun, um Dich zu befreien. Als erstes kennst ja nur Du am besten die Gründe Deines Befindens. Du allein kannst einschätzen, was wirklich in Dir vorgeht. Wenn es Dir vielleicht schwer fällt, darüber zu sprechen, weil Du meinst, niemanden zu haben, der Dir zuhört oder Dich versteht, dann rede einfach mit Dir selbst. Du bist Dein bester Berater. Du bist Dein bester Kenner. Du bist alles, was Du brauchst, um Dich zu beschreiben und zu verstehen. Sicher ist jeder, der um Dich herum als wahrer Freund da sein kann, vielleicht auch eine Hilfe, aber Du findest solche Freunde oder Menschen, die Dich so verstehen wie Du Dich selbst, nicht so schnell. Gerade, wenn Du dazu noch in einer Liebesbeziehung steckst oder diese vielleicht der Auslöser ist, kannst Du sehen, wie schwer sich Menschen tun, etwas in dem Anderen zu entdecken oder zu fühlen, was beiden mehr Nähe vermittelt. Das ist die wahre Kunst der Liebe. Sich zu fühlen, ohne etwas zu sagen, sich zu begegnen, ohne sich zu treffen, sich zu erhalten, ohne sich zu vernichten, sich zu erhellen, ohne sich zu verdunkeln, sich so zu meinen, wie es in der Tiefe stattfindet. Sowieso ist die Liebe eines der größten, wenn nicht sogar das größte Geschenk, was es gibt, wenn sie in absoluter Freiheit erwächst. Wenn sich zwei Menschen gefunden haben und spüren, dass das Schicksal sie zusammenführte, ohne den Anspruch an den Anderen zu leben und ihn mit Eifersucht und Besitzanspruch zu belasten, dann ist das ein sehr großes Geschenk. Wenn diese Menschen im Laufe der Zeit durch Schwierigkeiten immer enger zusammenwachsen und das größtmögliche Verständnis für den Schmerz des Anderen aufbringen können, dann ist das bereits eine Erhebung. Diese Form des einander Verstehens auf jeder Ebene versetzt den Anderen in die Möglichkeit, ganz tief in den Partner einzutauchen und dort mit ihm auf der Suche nach den Gründen seiner Ängste zu gehen.

Dieses Wort des Verstehens ist demnach ein ganz großes Wort. Etwas zu verstehen ist auf der Ebene des üblichen Gebrauchs nicht mal im Entferntesten zu vergleichen mit dem Verstehen in der Tiefe des Geschehens. Dieses Verstehen, was dem Ursprung entspringt, ist eine Größe, welche die wahre Dimension des Wortes wiedergibt. Wenn Du meinst, etwas zu verstehen, ohne die Tiefe zu erkennen, dann kannst Du darauf vertrauen, dass dieses Verstehen nur ein Bruchteil von dem ist, was wirklich dahinter steht. Wenn Dir jemand sagt, dass er Angst hat, dann fragst Du ihn vielleicht noch, wenn Deine Aufmerksamkeit es zulässt, wovor oder warum er Angst hat. Wenn er versucht, Dir zu beschreiben, wie diese Angst aussieht, dann ist das oftmals schon sehr schwierig für ihn. Wie aber würdest Du einem solchen Menschen begegnen. Du kannst ihm wahrscheinlich nur dort begegnen, wo auch Du stehst. Wenn ich Dir nun sage, dass Du diese Angst gar nicht benötigst, dann sagst Du vielleicht noch, das weiß ich selber. Wenn ich Dir aber erzählen kann, warum Du diese Ängste nicht benötigst, dann vielleicht deshalb, weil ich selber bereits in mich geschaut habe, um zu erfahren, was mich und warum es mich bewegt. Das setzt natürlich ein permanentes Arbeiten an sich selber voraus. Nur wenn ich in meiner Tiefe etwas fühlen kann und das Warum verstehe, dann kann auch der Andere davon profitieren. Angst ist ein Thema, das uns alle mal intensiver und mal weniger intensiv beschäftigt, aber es ist ein Thema, welches in der heutigen Zeit sehr präsent ist.

Alle Emotionen, von denen sich Dein Verstand ernährt, haben im Grunde mit Angst zu tun. Es kann die Angst sein zu versagen, aber meist ist es die Angst vor dem Tod. Alles, was Du nun in den Dienst Deines Willens stellst, welcher ja nichts anderes als ein Gesandter Deines Verstandes ist, versucht nun, diese Angst loszuwerden. Nur kann Dein Verstand, solange das Ego es besetzt, nichts weiter tun als diese Angst zu verdrängen. Das geschieht dann durch die Beschaffung immer neuer Besitztümer, durch den Beginn neuer Liebesbeziehungen, durch das Erschaffen immer neuer persönlicher Gewinne, um Deine Illusion für diesen Moment zu befriedigen. Also ernährt sich Dein Verstand von diesen Deckeln, die Du ihm ständig als Futter vorsetzt. Dabei wird Dein Verstand immer unsicherer, auch wenn er nach außen hin Sicherheit ausstrahlt.

Nun kann ich Dir aber sagen, dass Du die meisten Ängste gar nicht benötigst, es sei denn, sie dienen Deinem Weg. Nur musst Du das ja erst einmal erkennen. Als erstes wäre es wichtig zu wissen, dass alles, was ist, auch eben so ist. In Wirklichkeit benötigst Du diese Angst in Dir nicht, welche sich um die Dinge sorgt, die auch sie selber nur aus ihren Ängsten hat entstehen lassen. Alles, was Du bist und was sich Dir zeigt, ob in Freud oder Leid, ist der Zyklus Deines Lebens. Es gehört zu Dir wie Dein Fleisch, das Du trägst. Es gehört zu Dir wie alles, was Du an

Dir trägst und Du nimmst es überallhin mit, wohin Du auch gehst. Nichts kann Dich daran hindern, genau in diesem Moment zu leben außer Dein Ego. Mache Dir bewusst, dass Du ein Ego besitzt. Es ist an Deinen Verstand gekoppelt. Es verzerrt Dich. Es lässt Dich glauben, zu benötigen, was Du gar nicht benötigst, aber genau davon lebt es. Wenn Du Dir vor Augen führst, dass Dein Ego sich von Deiner Angst ernährt, dann ändere doch einfach Deine Lebensstrategie! Wenn Dir im Laufe Deines Lebens Leid widerfährt, dann schaue Dir dieses Leid an! Schaue es Dir an, und während Du schaust, schicke Dein Ego spazieren oder gib ihm etwas Geld und setze es in ein Restaurant, wo es sich laben kann. Vielleicht gelingt es Dir dann zum ersten Mal, die Angst von dem abzukoppeln, was ist. Es ist zum einen das, was Du in Deinem Leben erlebst und was Dir widerfährt und zum Anderen das, was Du oder Dein Ego daraus macht. Wenn Du dieses Gefühl der Angst einfach annimmst, dann gibst Du Deinem Ego nicht neue Nahrung und entziehst ihm Teile seiner Lebensgrundlage. Du wirst bestimmt fühlen können, dass das Ego und Du zwei völlig verschiedene Persönlichkeiten sind. Das Ego ist eine Einbildung und Du bist der, der das Leben in sich tragen darf. Wenn Du Leid empfindest, dann stellt Dein Ego automatisch gleich Angst dahinter und signalisiert Dir damit, dass es nun wieder die Kontrolle übernimmt. Die Angst ist also ein unproduktiver Mitarbeiter, ein blinder Passagier, welcher sich eingeschlichen hat, um seinen Hunger zu stillen. Diese Angst kann nur Nahrung finden, wenn sie durch ihren Chef, dem Ego, auf Futtersuche geschickt wird. Da der Chef der Angst und die Angst selber bereits wissen, dass in Zeiten des Lebens im Jetzt nicht viel bei Dir zu holen ist, starten sie ihre Angriffe in den Momenten, wo Dir Leid widerfährt. Leid ist im Grunde genommen eine völlig getrennt zu betrachtende Sache, wenn nicht das Ego immer wieder die Angst dazu packen würde. Wenn Du erkältet bist und Dich nicht wohlfühlst, ist das ein Zeichen, dass Dein Körper sich gegen einen Feind in Dir zur Wehr setzt. Nun kommt aber wieder das Ego ins Spiel und signalisiert seine Anwesenheit durch Verbreiten von Angst. Was ist, wenn diese Erkältung noch morgen da ist und Du kannst dann nicht zur Arbeit. Verlierst Du dann Deinen Job oder mit diesem auch vielleicht Deine Stellung in der Gesellschaft? Was beschäftigt Dich mehr?

Dem Ego kann das nur recht sein, denn so wird es auf jeden Fall satt. Du stellst ihm ja geradezu den Stuhl hin, auf dem es Platz nehmen kann. Dann kann es von dort aus seine eifrigen Mitarbeiter mit Namen Zweifel, Wut, Kontrolle, Unvernunft, Sorge, Einbildung und wie sie noch alle heißen, auf Nahrungssuche schicken. Einige dieser Fratzen setzen sich dann in Dein System und warten dort auf ihre Chance, zuschlagen zu können. Wenn ihnen in der Zeit langweilig wird, erfinden sie wiederum irgendwelche Untertanen, welche sie dann ins Spiel schicken. So entsteht ein Netzwerk aus egogeborenen Verstrickungen in Dir, und wo mehr Esser sind, ist auch mehr Hunger. Nun kannst Du Dich an diese Mitarbeiter wenden und ihnen sagen, wie unangenehm Du ihre Präsenz empfindest, oder Du gehst gleich zum Chef, dem Ego, und kündigst ihm die Aufenthaltserlaubnis in Deinem System. Vielleicht lacht Dein Ego noch eine Weile über Deine Drohung oder Dein Vorhaben und empfindet Deine Ankündigung als Rasseln mit dem Säbel, aber Du kannst ihm das ruhig gestatten, denn was nützt Dir nun wieder ein Wutausbruch, damit fütterst Du Dein Ego nur aufs Neue. Du kannst Deinem Ego ja sagen, dass Du ihm nicht gleich so wehtun möchtest und es bitten, sich einen neuen Arbeitsplatz zu suchen. Das war natürlich ein Scherz. Sicher tust du gut daran, mit aller Dir bereits zur Verfügung stehenden Macht Deinen Eindringling zu bekämpfen, der Deinen gesunden Verstand infiziert hat. Sicher ist, dass Du nämlich einen gesunden Verstand besitzt und dieser auch gegebenenfalls wichtig für Dein Leben ist. Nun kannst Du mit dem nötigen Vertrauen, das Du schon besitzt, gegen diese Firma in Dir gezielt vorgehen. Du kannst dem Ego ja erzählen, dass Du das Tor, wodurch es hereinkam, schon wieder sehen kannst und es nun, da Du weißt, wo es sich befindet, auch genau dort wieder hinausgeleiten darfst. Sicher wird Dein Ego versuchen, sich zur Wehr zu setzen, aber das ist nicht weiter schlimm, solange Du seine verschiedenen Masken, die es benutzt, erkennst. Denke immer daran, dass es um den Weg geht und nicht darum, etwas zu erzwingen. Du kannst nun zu Deinem Ego sagen, kratze ruhig alle Deine Mitarbeiter zusammen und denke Dir neue Strategien aus. Was kümmert es Dich, denn Du bist nun vorbereitet. Du hast schon mal erkannt, dass es ein Ego gibt, und das ist der Beginn seiner Auflösung. Hindern kann Dich Dein Ego nun nicht mehr. Es kann den Weg verzögern und hinausschieben, aber nicht mehr aufhalten. Es ist doch ein schönes Gefühl, sich bewusster zu werden, und wenn Du dadurch für Dich ein neues Gefühl des Erlebens erfahren kannst, dann ist das doch ein wunderbares Geschenk. Nun wird Dein Ego natürlich sämtliche Tricks anwenden, welche es auf Lager hat. Lasse Dich stets von dem göttlichen Strahl leiten! Er schickt Dich wieder in den Zustand der Wahrhaftigkeit. Wenn Du immer genau darauf achtest, wann Dein Ego Besitz über Dich ergreifen möchte, dann steuere dagegen. Wie gesagt, es gibt viele Gesichter des Egos. Es gibt Menschen, die spüren ihr Ego ganz und gar nicht, weil sie meinen, diese Lebensängste nicht zu kennen, von denen ich schrieb. Dann kannst Du Dir sicher sein, dass ihr Ego an anderer Stelle sein Unwesen treibt. Vielleicht erzählen Dir diese Menschen Neuigkeiten oder ihnen zugetragene Informationen, um Deine Aufmerksamkeit zu bekommen. Das ist auch nicht der Mensch, der Dir gegenübersteht, der Deine Aufmerksamkeit sucht, sondern sein Ego. Solche Menschen haben auch oft einen sehr hohen Wissensstand oder glauben, ihn zu haben. Sie verbessern Dich auch sehr gerne oder versuchen mit dem nötigen Nachdruck, das Gleichgewicht der Begegnung zu stören. Für Zeiträume der Begegnung scheinen sie mehr zu wissen als der Andere. Dabei erfährt die erzählende Person, welche unbewusst vom Ego gesteuert handelt, eine Art Befriedigung, welche durch ein starkes Selbstwertgefühl begleitet wird. Dabei spielt es überhaupt keine Rolle, ob dieser Person der Papst oder der Präsident gegenüberstünde, sie würde in jedem Moment versuchen, sich überlegen zu fühlen. Diese Menschen ernähren unbewusst ihr Ego immer wieder aufs Neue. Um derart in Erscheinung treten zu können, belesen sich diejenigen immer wieder und entwickeln im Laufe der Zeit eine so lässige Art im Umgang mit ihrem Wissen, dass dann daraus oft Rechthaberei oder Besserwisserei entsteht. Wenn diese Personen dann wiederum Begegnungen haben, wo schnell klar wird, dass sie nicht das Wissen um alle Dinge besitzen, fühlt sich ihr Ego zurückgesetzt und schreit wieder nach Aufmerksamkeit. Nun muss dieses Ego selbst schnell wieder befriedigt werden. Oft versucht dann das Ego, wenn es nicht schnell genug geht, sich wieder selbst zu stärken, indem es den Anderen herabsetzt oder den Wert seiner Fähigkeit in Frage stellt. Vielleicht ändert das Ego auch seine Strategie und steigert wieder sein Selbstwertgefühl, indem es mit dem Anderen nicht mehr wetteifert. Es kann auch manchmal sein, dass sich das Ego eine noch schlauere Strategie ausdenkt.

Du siehst also, dass das Ego nichts unversucht lässt, um in Erscheinung zu treten und die, die meinen, sie hätten ihr Ego im Griff, täuschen sich gewaltig, denn das Ego kann nur unterliegen, wenn das Bewusstsein wächst. Das ist sein größter Feind. Du musst also nur dankbarer, aufmerksamer und einfühlsamer die Dinge betrachten, dann erkennst Du, was tatsächlich dahinter steckt und hältst somit den Schlüssel zum Raum des Lichtes in Deiner Hand. Dort tauschst Du Dunkelheit gegen das Leben in Dir. Du wirst vielleicht noch einige Male in der Dunkelheit sein, weil Dein Ego Dich weiter beschäftigen wird, aber diese Besuche werden erst kürzer und dann seltener werden. Jetzt mag es Dir vielleicht noch wie ein Traum erscheinen, aber es ist kein Traum, sondern Dein Weg. Wenn, dann sind es Träume in Deiner Wachphase. Sie haben mit Deinen Träumen während Deiner Schlafphase nichts gemein außer dem Wort. Vielleicht träumst Du ja auch am Tage, und in der Nacht bist Du aktiv. Vielleicht erhöhen sich dann diese Aktivitäten, je bewusster Du Dir wirst. Finde es einfach heraus! Vielleicht verdeckst Du diese Möglichkeiten noch durch den Zwang, Dich so zu geben, wie Andere Dich gerne hätten, aber letzlich bleibt es immer Deine Welt, bleiben es immer Deine Träume, bleiben es Deine Gedanken, die Dich begleiten.

Selbst jeder Gedanke, welchen Du in Worte fassen darfst, kann dann wieder ein Gefühl der Befreiung auf seelisch-emotionaler Ebene in Dir auslösen, wenn es aus Deiner Mitte kommt. Alles, was Du sagen und formulieren darfst, ist Bestandteil Deiner Gedanken, aber es wird nicht immer die wahre Tiefe wiedergeben, in der Du stattfindest. Darum wäre es ratsam, Deine Worte und Gedanken bewusster zu wählen. Es wird Momente geben, da wird Dein Schweigen Dich zu mehr Erkenntnissen führen als wenn Du Gespräche führst, aber auch, wenn Du in Dir bist, solltest Du immer darauf achten, was Deine Gedanken mit Dir machen! Sind sie vom Ego besessen oder fühlen Sie sich frei an? Wenn Dein

Leben durch sehr viel Verstand-regiertes Denken geprägt war, dann wird es Dir erst einmal schwer fallen, den Moment, das Jetzt, zu genießen. Auch wirst Du vielleicht erst vergeblich in Deiner Mitte nach dem Grund Deiner Probleme suchen und Dir vorkommen, als würdest Du herumirren. Ich kann Dich beruhigen, wenn Du etwas in Dir suchst und glaubst, am Anfang herumzuirren, dann liegt das nur daran, weil Du meinst, dass es so ist. In Wirklichkeit bist Du die ganze Zeit da draußen herumgeirrt und nun, da Du Dich selbst wieder entdeckt hast oder es möchtest, werden sich die Dinge in Dir ordnen. Am Anfang werden immer wieder viele gewohnte Muster durch Deinen Kopf rasen, und das wird auch noch eine ganze Weile so sein, aber auch diese Momente werden immer mehr vom Leben im Jetzt abgelöst. Sicher wird dieser Prozess auch Deine Bereitschaft voraussetzen, ständig an Dir zu üben und Deine Präsenz für den Moment so oft wie möglich zu trainieren, aber Du hast ja Zeit. Am Anfang wirst Du Erinnerungen bewusster verarbeiten, wirst Gespräche, welche Du gerade oder vor einiger Zeit geführt hast, bewusster betrachten, wirst Erlebnisse bewusster verarbeiten und vielleicht auch Gespräche suchen, um Deine neuen Erkenntnisse zu teilen. Es wird dann Momente geben, in denen sprudelt es nur so in Dir über und Du möchtest das, was sich Dir eröffnet, am liebsten der ganzen Welt erzählen. Dann wird es wieder Momente geben, in denen dieses Lichtgefühl von alten Schatten verdrängt wird. Was immer bleibt, ist der Weg und das, was Du schon erleben durftest.

Wenn Du dann in Gesprächen bist, werden diese sich ganz anders anfühlen. Wenn auch Dein Gegenüber sich bewusst genug ist, werden Eure Energien sich verschmelzen und neue Horizonte öffnen. Wenn Du ein Problem in der Tiefe erst einmal erkannt hast, wirst Du Momente haben, in denen Dir das Reden darüber viel leichter fällt, weil Du nun verstehst, was wahrhaftig dahinter steckt. Du wirst dieses Problem dann in vielen Dingen wiederentdecken in dem, was Du liest, was Dir begegnet, was Du hörst und was Dir entgegen strömt. Du kannst das dann alles gar nicht richtig erfassen, weil es auf Dich einströmt wie eine Flutwelle, welche aus Deinem vor Druck platzenden Stausee an die Oberfläche gelangt. Vielleicht wirst Du beim Erzählen Deiner Eindrücke die Hälfte vergessen zu sagen, weil Dir beim Reden

schon der nächste Gedanke auf der Zunge liegt und Du das auch noch loswerden möchtest. Das gleiche kann Dir auch passieren, wenn Dir ein Buch begegnet, welches genau Dein Thema beinhaltet, und Du fängst an zu fühlen, dass sich alles genauso liest, wie Du es gerade empfindest. Das sind Wellen der Begeisterung, welche Dich dann tragen werden. In solchen Momenten bist Du ganz präsent, bist Du in Deiner Mitte und Du willst verständlicherweise so viel wie möglich von diesem Gefühl naschen. Wer weiß, was danach kommt, sagst Du vielleicht. Du wirst Dich immer öfter auf diesem Weg wiederfinden. Das ist gewiss. Du wirst ihn nicht mehr verlieren, weil er ja nie weg war. Dieser Weg zu Dir selbst war nur wie ein schlummernder Vulkan, aber der Vulkan ist nicht schlafend. Er brodelt ständig in seiner Mitte, auch wenn das Magma nicht zu jeder Zeit an die Oberfläche geleitet wird. So ist es bei Dir ebenfalls. In Deinem Stausee brodelt es auch ständig, und der Druck wird größer, je mehr Stau entsteht. Im Vulkan ist das auch wie im Stausee. Es ist das gleiche Prinzip, nur dass Du das Wissen hast, die Dinge zu erkennen und durch Dein Erwachen Teile Deines inneren Stausees an die Oberfläche transportieren kannst. Der Vulkan wartet ganz geduldig, bis der Druck ihn zum natürlichen Ausbruch zwingt. Du weißt jetzt, dass es einen Zusammenhang zwischen der Natur und Dir gibt. Du könntest Dich jetzt auch fragen, warum es diese Momente gibt, in denen Du Dich sehr frei und verstanden fühlst und dann wieder Momente, wo es anders ist. Das ist deshalb so, weil Du Dich in diesen Momenten selber ja auch besser verstehst. Wir sind wieder an dem Punkt, dass Du Dich immer auch entsprechend in Deinen Begegnungen wiederfindest. In den Momenten Deiner Klarheit wird Dir auch Klarheit begegnen. Es können sich dann daraus ganz tiefe Begegnungen ergeben, welche von so vielen neuen Eindrücken geprägt sind. Diese Begegnungen werden Dich dann mit einer Gänsehaut verzaubern. Je öfter Du dieses Gefühl hast und Dein Tor sich öffnet, werden sich Deine Gefühle und Emotionen sortieren. Du lernst dann, effektiver mit diesen Ereignissen umzugehen, um noch viele Dinge aus Deinem inneren Stausee mit an die Oberfläche zu geleiten, welche vielleicht am Anfang noch in der Sogwirkung verloren gingen.
Wenn Du dann in die Tiefe Deines Universums abtauchst, dann kannst

Du für Dich im Moment vielleicht noch unvorstellbare Dinge entdecken. Das setzt natürlich voraus, dass Du bereit bist, abzutauchen, statt weiter zu deckeln. Es erfordert erst einmal Deine Bereitschaft und Deinen Willen, in den Schmerz zu gehen, um ihn zu ergründen. Genau diese Dinge in Deinem Stausee sind es aber, welche den Schmerz haben entstehen lassen. Durch das Nichtwahrnehmen dieser Signale veränderst Du Dich teilweise und entziehst Dich so ungewollt dem Menschen, der Du wirklich bist. Du bist dann nicht mehr Du, sondern jemand, der, von seinen abgelegten Erlebnissen gezeichnet, Opfer seines eigenen Schmerzes wird. Um in Dir kein Chaos entstehen zu lassen oder das bereits bestehende Chaos zu sortieren, solltest Du den Schmerz von den Geschehnissen trennen. Die Geschehnisse sind die eine Seite, und diese erzeugen je nach Empfinden dann Schmerz, Freude oder andere Befindlichkeiten. Wenn Du nun Deinen Schmerz von den Geschehnissen trennst, dann lernst Du zu akzeptieren, dass das, was geschieht, ja nur für den Moment Bestand hat, der Schmerz hingegen Dein Leben bestimmt. Du kannst ja gegen das, was geschieht oder geschehen ist, nichts tun, weil das, was geschehen ist, nicht mehr rückgängig zu machen ist und das, was geschehen wird, immer in der Zukunft liegt, und solange bleibt es Dir im Verborgenen. Der Schmerz ist also immer das Produkt eines Geschehens, solange es als solches erkannt wird. Dieser Ablauf wird gesteuert vom Ego, weil es sich am liebsten im Schmerz wiederfindet. Wenn Du nun weißt, dass es ein Ego gibt und Du es von den Geschehnissen trennen kannst, dann entziehst Du ihm eine wichtige Existenzgrundlage. Das setzt aber voraus, dass Du die Geschehnisse nicht bewertest, sondern als etwas annimmst, was zu Deinem ganz persönlichen Weg dazugehört. Solange Du bewertest, übernimmt Dein Ego die Kontrolle. Wenn Du aus der Bewertung gehst, dann nimmst Du das Geschehen an und wirst, auch wenn es Dir vielleicht wehtut, keine Geschichte um die Geschehnisse herum erfinden, um Sie Dir und anderen zu erzählen. Wenn Du das Geschehen annimmst, dann akzeptierst Du es auch und dann kann sich dieses Erlebnis zwar in Dir speichern, aber es wird nicht als etwas Ungeklärtes in Deinen Stausee gepackt. Solange das Ego die Kontrolle hat, solange bist Du unbewusst. Du wirst Dinge erzählen und tun, welche in völliger

Unbewusstheit ablaufen. In diesem Moment wirst auch Du nur unbewussten Menschen begegnen, weil die, die bewusst sind, ja das Unbewusste in jeglicher Erscheinungsform registrieren. Da Dein Ego ja in einer Zusammenkunft mit solchen Menschen keine Monologe führen möchte, wird es recht schnell erkennen, dass ein bewusster Mensch nicht Ziel seines Angriffs sein kann. Er findet in ihm nicht das Ego, welches er benötigt, um sich an diesem Treffen zu laben. Im Gegenteil, Dein Ego wird versuchen, solchen Menschen aus dem Weg zu gehen, weil es die Gefahr wittert, dass Du nun anfangen könntest, Dich für das Bewusste zu interessieren. Nun weißt Du schon mal, dass es nicht die unbewussten Menschen sind, welche Dir im Taumel ihres Schmerzes, ihrer Hektik, ihrer Bewertung, ihrer Verurteilung begegnen, sondern ihr Ego. Ich habe auch erst sehr spät erfahren, dass ich meinem Ego zum Opfer gefallen bin. Nicht etwa als Kind, denn da kannte ich noch kein zwanghaftes Denken, solange die Familienwelt in Ordnung war und ich mich natürlich entwickeln konnte. Erst als das Ego meiner Eltern nach anfänglicher Verliebtheit in ihrem schmerzlichen Vorleben nach Nahrung suchte und sich das Aufeinandertreffen ihrer Egos zu einer geballten Ladung entwickelte, entstand auch in mir tiefer Schmerz. Nun konnte das Virus mit Namen Ego, was ja eh schon in meinen Genen schlummerte, seine Arbeit beginnen. Wie sollte es auch anders geschehen, wenn meine Eltern mir das genauso vorgelebt haben. Auch meine Eltern haben das von ihren Eltern so übernommen. Wenn wir klein sind, wünschen wir Kinder uns nichts sehnlicher als eine friedliche, heile Familie und wir wünschen uns, dass diese nie zerrissen wird. Nur, wie soll das gehen, wenn auch die Eltern sich total unbewusst sind und ebenfalls Opfer ihres Egos sind, welches längst ihr Leben übernommen hat. Was versuchen Kinder nicht manchmal alles, um die Eltern zu beruhigen, wenn sie streiten. Im schlimmsten Fall für die Kinder werden sich die Eltern dann vielleicht noch trennen, und für die Kids bricht eine Welt zusammen. Dieser Schmerz setzt sich dann oft sehr tief in den Kindern ab und führt meist zur Entstehung eines Stausees. Wenn Eltern dann meinen, wegen des gemeinsamen Kindes oder der gemeinsamen Kinder ihre zerrüttete Beziehung fortführen zu müssen, dann entsteht bei den Kindern ebenfalls ein emotionaler Hilferuf. Die Grundlage der

Fortführung der Beziehung hat nun ein Motiv und dieses Motiv ist der Nachwuchs. Damit bewegen sich beide Elternteile noch weiter weg von ihrer durch die ursprüngliche Liebesbeziehung geprägte, geplante Zukunft. Das alles hat nichts mit dem wahrhaftigen Wort Liebe gemein. Es ist immer ein Deckel für den Schmerz. Ob es der Kompromiss ist, sich zu trennen, oder nicht. Es wird den Kindern Schmerz bereiten, solange die Eltern unbewusst handeln. Die wahre Liebe kann nur in absoluter Freiheit erwachsen, und nun frage ich Dich, kennst Du viele Menschen, die so zusammen leben? Es gibt bestimmt einige, aber es ist leider noch die Minderheit. Als sich meine Eltern trennten, war das für mich ein Zusammenbruch, weil ihre Egos nun noch versuchten, sich gegenseitig zu zerstören. Ich konnte nicht einmal etwas tun, weil ich keinerlei Mitspracherecht oder Entscheidungsgewalt hatte. Ich konnte nur zusehen und das machen, was man von mir verlangte. Durch solche Erlebnisse wurde mir als Kind der Glaube an das, was ich als natürlich, rein und selbstverständlich empfand, genommen. Heute weiß ich, dass das gar nicht anders möglich war. Meine Eltern konnten es nicht besser wissen. Wenn mehr Menschen das auch fühlen könnten, gäbe es weniger Verurteilung, weniger Bewertung, weniger Unverständnis, und es würden viele menschliche Tragödien von den Betreffenden noch einmal überdacht werden können. Das wäre die Möglichkeit, sich dann wieder auf einer ganz anderen wahren, tiefen Ebene des Verstehens zu begegnen. Dann, genau in diesem Augenblick, beginnt die wahre Liebe. Alles, was dann entsteht, ist nur noch von Liebe und Bereicherung geprägt. Wenn auch Du in Deinem Umfeld solche Erfahrungen gemacht hast, dann überdenke Deine Einstellung noch einmal. Solange Du die Geschehnisse an die betreffenden Menschen koppelst, solange wird es auch Deinen Schmerz nähren. Menschen können sich ändern, das Geschehene hingegen bleibt geschehen. Schon daran siehst Du, dass ein Festhalten daran, Menschen für das Geschehene verantwortlich zu machen, nicht der Weg ist. Damit änderst Du das Geschehen nicht, es bleibt bestehen. Nur das Wissen um das Geschehen und die sich heute für Dich daraus ergebenden Schicksale weisen Dir den Weg, nicht aber die Verurteilung und Bewertung der Menschen, die Teil Deiner Lebensbegegnungen gewesen sind. Versuche, die Geschehnisse, wie gesagt, von dem abzukoppeln, was den Menschen in seiner Tiefe wirklich ausmacht. Auch wenn der Andere Dir nicht bewusst genug erscheint, Dich zu verstehen. Gib ihm Deinen Segen und versuche in ihm nicht nur das zu sehen, was Du früher vielleicht auch gewesen bist. Du wirst erkennen, dass Du es auch nicht besser wusstest. Du kannst auch, wenn er bereit dafür ist, versuchen, ihm zu helfen. Nur übe keinen Zwang aus! Lass alles in Freiheit erwachsen, denn auch Dein Gegenüber wird eines Tages erwachen. Du kannst ihn auch in Frieden ziehen lassen und ihm alles Göttliche wünschen. Was immer Dein Gefühl ist, sollte nur nicht von Bewertung beherrscht sein.

Wenn das Bewusstsein der Menschen erst einmal in eine erhöhte Form eintreten darf, dann wird der Mensch sich nicht nur der Wahrhaftigkeit öffnen können, sondern es wird auch sein Geist erwachen. Sicher werden eine Zeit lang immer noch alte Denkstrukturen durchbrechen, und ob einige Werte jemals ganz abgelegt werden können, kann nur jeder für sich selbst beobachten.

Du siehst das heute sehr gut auf der materialistischen Ebene. Geld vermittelt immer einen Wert für die Dinge. Es stellt gewissermaßen den Gegenwert zu dem dar, was Du damit bezahlst. Nur dem Wichtigsten, das Dich trägt, Deinem Leben, lässt sich kein Wert zuordnen. Selbst wenn Du erwacht bist, wird Dein Leben immer noch von Dingen begleitet sein, in denen Du Dich nicht der Tatsache entziehen kannst, durch Geld den Gegenwert zu dokumentieren. Du kannst dagegen fast gar nichts tun, denn Geld ist nun mal in diesem System der Hintergrund der meisten Dinge. Solange Du glaubst, diesen Wert als Gegenwert zu Deinem Lebenserhalt zu benötigen, bist Du abhängig von diesem System. Es ist halt so und es soll auch keine Bewertung der Menschen widerspiegeln, die mit Geld in Verbindung kommen. Das tun wir alle, auch ich, und ich kenne niemanden, der das Gegenteil behaupten könnte. Geld wird Dir immer zur Anschaffung neuer materialistischer Dinge verhelfen oder zum Kauf von Nahrungsmitteln dienen, solange Du es besitzt. Wenn Du erwacht bist und ein höheres Bewusstsein hast, wirst Du Deinen Bezug zum Geld ändern. Du wirst es segnen und es dann für Dich, ausschließlich dankend annehmend, als heiliges Geschenk sehen dürfen. Es gibt Menschen, die stellen wiederum ihr

Geld in den Dienst der Gemeinschaft. Es geht ihnen in erster Linie nicht darum, dass es ihnen besser geht als den Anderen, sondern darum, dass sie so vielen Menschen wie möglich helfen können.Da fällt mir ein Typ Namens Robin Hood ein. Er hatte die wagemutige Idee, das, was so ungerecht verteilt ist, gerechter zu verteilen. Etwas von dem, was die Reichen zu viel hatten, wollte er den Armen geben, die davon zu wenig hatten. Solche edlen Gemüter haben erkannt, dass es schon zu damaliger Zeit schier unmöglich gewesen ist, an das Gewissen der Menschen zu appellieren. Dieses Gefälle zwischen Armut und Reichtum benötigten die Menschen, die mehr hatten, schon damals, um sich dadurch zu identifizieren. Robin Hood dachte, wenn man die Menschen nicht mit guten Worten bewegen kann, dann sollte man ihnen das, was sie auf Kosten anderer angehäuft haben, auch wieder nehmen, um es gerechter zu verteilen.

Wenn es nicht diese riesigen Gräben und diese Polaritäten geben würde, die durch Geld entstanden sind, dann würden sich so manche Sorgen in Luft auflösen. Wenn es schon dieses Macht erzeugende Produkt gibt, dann sollte es auch den Menschen dienen und nicht ihre Geister spalten. Wie aber werden die Menschen zu dieser Gleichheit gelangen? Solange Du Dich schlechter oder besser fühlst als die Anderen und glaubst, dass Du ohne Geld niemand bist und mit Geld der König, wirst Du abhängig bleiben. Wenn Du Dir bewusst genug bist, dass es nicht nur ums Geld, sondern um Liebe, Dankbarkeit, Offenheit, Hingabe, Gefühle zulassen und Herzlichkeit geht, solange wird die Wirklichkeit an Dir vorbeiziehen wie eine Wolke. Selbst wenn das ganze System einmal zerbricht, und das wird es in dieser Form ganz sicher, werden jene, welche die Zeichen der Zeit nicht rechtzeitig erkannten, immer noch glauben, dass ihr Überleben an ihr Portemonnaie gebunden ist. Ein fataler Irrtum, der diesen Menschen dann ganz sicher zum Verhängnis wird. Es wird nach einem Zusammenbruch dieses Systems ganz sicher nicht wieder ein System mit gleichen Gesetzen und Gegebenheiten entstehen. Sicher können diese Menschen es dann nicht besser wissen und werden sich dann vielleicht tagtäglich wünschen, dass das alte System wieder-hergestellt wird. Dieses Festhalten am System zeigt auch die Abhängigkeit von ihm. Wenn ein Umdenken nicht sehr zeitnah erfolgt, und damit meine ich, am besten noch heute, dann ist es kaum möglich, im Moment des Geschehens, wo das erwachte Bewusstsein benötigt wird, den neuen Herausforderungen standzuhalten. So wird sich unsere Mutter Erde dann weiter reinigen und sich vielleicht weiter von denen verabschieden, welche die Zeichen der Zeit nicht erkannten. Wer sich bewusst genug ist, wird vorbereitet sein und diesen Prozess des Wandels unbeschadet überstehen. Mit ihnen wird dann ein noch höheres Bewusstsein erwachen, als es bisher zu fühlen war. Vielleicht wirst Du jetzt fragen, wie dieser Wandel vollzogen wird und was geschehen wird. Als erstes möchte ich Dir sagen, dass dieser Wandel bereits jeden Tag stattfindet. In der Zeit des Nachrichtenüberflusses und des Zeitalters der mobilen Kommunikation wird auch Dir nicht entgangen sein, welche Katastrophen und Szenarien Du täglich vernimmst. Erdbeben, Vulkanausbrüche, Tsunamis, Überschwemmungen, Erdrutsche, Schlammlawinen, Jahrhundertstürme und vieles mehr vernichten nicht nur viele Menschenleben, sondern sind auch ein Zeichen für den längst erfolgten Beginn einer neuen Epoche. Gegen diese Naturgewalten bist auch Du machtlos, wenn sie Dich treffen, weil Du Dich vielleicht auf alles vorbereitet hast, nur nicht auf so etwas. Viel mehr hast Du es vielleicht verdrängt, weil sich sonst ein Denkfleck auf Deiner ohnehin vielleicht nur aus Gedanken bestehenden Welt absetzen könnte, was Dir Unbehagen bereitet. Die Augen nicht zu verschließen vor dem, was ist, und sich bewusster zu werden, ist sehr hilfreich, und wird Dich besser schützen. Es geht nicht darum, dass Du Dir täglich ausmalen sollst, was passieren könnte, denn das machen schon die vielen anderen Menschen für Dich, die damit wieder viel Geld verdienen. Da werden Kinofilme gemacht, in denen das Ende der Welt auf so dramatische Weise dargestellt wird, und immer bleibt eine Handvoll Menschen übrig, welche dann die Spezies Mensch erhalten soll. Darum geht es gar nicht, denn niemand weiß, was in der Zukunft geschieht. Alles, was die Zukunft bringt, bleiben Prognosen, Hochrechnungen, Vermutungen und Vorahnungen. Einige dieser Dinge sind immer wieder mal eingetreten, und wenn man dem Kalender der Maya und den parallel dazu geführten wissenschaftlichen Analysen Glauben schenkt, dann ist wohl alles bisher so eingetreten, was dieser Kalender vorhersagte. Sollte also demnach auf 2012 die Apokalypse folgen? Eines ist klar, die Welt ist im Wandel und das Leben, das darin stattfindet, ebenfalls. Dies ist nicht erst seit gestern so, sondern schon seit langer Zeit. Nicht nur 2012 oder 2013, aber da vielleicht ganz besonders, werden sich die ohnehin schon veränderlichen Dinge noch veränderlicher zeigen. Es werden die im Schlaf überrascht, die nicht vorbereitet sind und meinen, alles geht so weiter wie bisher. Es wird so nicht weiter gehen, weil auch Du längst bemerkt hast, dass sich so vieles um Dich herum verändert. Vielleicht begegnest Du diesen Dingen noch mit etwas zu viel Gleichgültigkeit und verdrängst es damit. 2012 ist so ein magisches Datum, sozusagen eine Art Zwischenziel für den Zug, auf den nun endlich die Menschen aufspringen sollten. Es werden wohl leider nicht alle aufspringen können, nicht weil nicht genug Platz da ist, sondern weil das Erkennen um das Geschehen verdrängt wird oder einfach nicht da ist. Es ist wissenschaftlich belegt, dass seit einiger Zeit ein Ausbleiben von aktiveren Sonnenstürmen zu beobachten ist. Das ist so wie die Ruhe vor dem Sturm. Die Sonne wird nicht inaktiv bleiben, das ist sicher. Das Magnetfeld der Erde hat wohl in dieser Zeit einen sehr schwachen Punkt erreicht, und 2012 soll dieses Magnetfeld sich weiter abschwächen. Das spüren die Menschen tagtäglich in dieser sehr bewegenden und bewegten Zeit. Ich weiß, dass genügend Wissenschaftler bereits dieses Phänomen erkannten und davor gewarnt haben. Wenn nun das Magnetfeld der Erde am schwächsten ist und die Sonne ihre Aktivität erhöht und uns dann gewaltige Sonnenstürme treffen, dann kann man deren Auswirkung und Ausmaß nicht vorhersehen. Es ist eine besondere Konstellation, welche so noch nicht dagewesen ist. Niemals vorher war die Menschheit so abhängig vom Strom wie heute, und diese Abhängigkeit wächst mit jedem Tag. Das kann dann katastrophale Folgen haben. Nichts wird dann mehr so sein wie bisher. Sicher wirst Du nicht das erste Mal von diesem Phänomen der Sonnenstürme gehört haben, und vielleicht hast Du schon mal diese schönen Nordlichter, welche am Nordpol den Himmel verzaubern, bewundert. Das sind nichts weiter als Sonnenstürme. Das Problem wird sein, dass die Menschheit in ihrer heutigen Zeit mit diesen Folgen sehr schwer umgehen kann. Wer könnte sich schon vorstellen, dass er für einen längeren Zeitraum keinen Strom hätte, so wie es in einer kanadischen Provinz ja schon geschehen ist. Dort dauerte es aber nur eine kurze Zeit. Was ist, wenn diese Sonnenstürme den Strom für längere Zeit ausfallen lassen. Keine Heizungen würden mehr funktionieren, kein Licht, kein Fahrstuhl, keine Bahn, kein Flugzeug, kein Internet, keine Telekommunikation. Ich könnte noch so vieles aufzählen und würde Seiten damit voll bekommen, aber Du kannst selber einmal in Dich hineinfühlen, wie Du es empfindest. Lohnt es sich nicht für Dich, mal darüber nachzudenken, wie selbstverständlich Du täglich all diese Dinge nutzt! Es geht ja nicht nur darum, dass wir in Kanada solch einen Vorfall schon einmal hatten. Wie viele andere unerklärte Phänomene vielleicht auch hinter Sonnenstürmen stecken, ist weitgehend noch nicht einmal erforscht.

Es ist endlich an der Zeit, dieses System hinter uns zu lassen. Es ist an der Zeit, nun gezielt eine Veränderung des Bewusstseins zu bewirken, des eigenen und des kollektiven Bewusstseins. Dieser Reinigungsprozess, der dann dabei erfolgt, ist Voraussetzung für ein Umdenken oder eine Umpolung. Längst ist in Vergessenheit geraten, wie das Leben eigentlich gemeint war. Alles, was Du erlebst, hat nichts mehr mit der Wirklichkeit zu tun, sondern ist verzerrtes Produkt dieses Systems. Es wird eine Reinigung von Strukturen erfolgen müssen, welche so nicht gemeint gewesen sind, als der Mensch die Chance bekam, von der köstlichen Frucht Erde zu naschen. Es wird nur leider nicht mehr genascht, sondern gelabt, vergeudet, gehetzt und verletzt. Es geht nicht nur um Geld, es geht um uns alle. Die Erde benötigt kein Geld, um zu überleben. Sie braucht von der Sonne keine Erlaubnis, um sich in ihrer Umlaufbahn zu halten. Die Erde braucht auch keinen Anwalt, nur weil sich kleine Asteroiden in ihren Schutzschild verirren und ein kleines Feuer auslösen. Die Sonne schickt in gegebenen Abständen ihre fleißigen Mitarbeiter mit Namen Sonnenstürme zur Erde, um das zu stören, was die Menschen meinen, in Verschwendung und Fülle, Kraft ihres aus den Fugen geratenen Glaubens, zu benötigen. Dass die Menschen sich erhalten können, haben sie schon bewiesen. Dass die Menschen alles um sich herum hinnehmen, was geschieht und längst entgleist ist, daran haben sie sich gewöhnt. Dass die Menschen bereit sind, etwas zu verändern und das Bewusstsein sich erhöht, kann man bereits erkennen. Jeder allein mag sich vielleicht so vorkommen, als sei er zu klein, um eine Veränderung zu bewirken. Das stimmt aber so nicht, denn ohne den Einzelnen gibt es auch kein Kollektiv. Es waren oft sehr kleine Dinge und einzelne Menschen, welche einen Lawineneffekt ausgelöst haben und gar nicht gespürt haben, dass sie mitverantwortlich dafür gewesen sind, dass am anderen Ende der Welt aus diesem kleinen Schneeball bereits eine riesengroße Lawine geworden ist. Nur wenn sich dadurch dann das kollektive Bewusstsein erhöht, werden sich wieder Hoffnungen und Wünsche in Zuversicht und Freude verwandeln. Darum kann ich Dir nur sagen, dass es darum geht, dass die Menschen erwachen und erkennen, dass das Gerüst des Systems längst zerfallen ist und dass wieder Werte vermittelt und verbreitet werden, die das tägliche Erwachen fördern. Sozusagen ein Erwachen nach dem Domino-Prinzip. Ein Senden von Botschaften in alle Winkel der Erde mit dem Ziel, den Menschen zu vermitteln, dass es nicht um materielle Werte geht, welche das System prägt, sondern um jeden von uns, auch um Dich. Das Leben darf nicht mehr an die Komponente materialistischer Werte gekoppelt sein, nur dann haben wir eine Chance auf Gleichheit und Erwachen. Dieses Erwachen führt die Menschen wieder zusammen und vermittelt wieder ursprüngliche, wahre Werte ohne Bewertung und Verurteilung. Der Beginn von wahrer, freier Liebe. Du wirst vielleicht noch sagen, das sind alles Traumvorstellungen und wirst mich vielleicht als Traumtänzer bezeichnen, aber was bist Du? Der wahre Traumtänzer bist Du, denn Dein Leben ist vielleicht auch nur ein Traum und hätte somit keine tiefe, wahre Komponente, oder kennst Du Dein höheres Selbst? Kannst Du Deine tiefe, innere Reinheit wirklich fühlen? Seit Anbeginn unserer Zeit ist nichts festgelegt und nichts festgesetzt. Jeden Tag werden die Karten neu gemischt.

Wenn Du glaubst, dass der Zustand, welcher Dich jetzt gerade begleitet, Dein Leben bestimmen wird, dann irrst Du gewaltig. Nichts, was Dich ausmacht, wird Dein Leben alleine bestimmen. Es ist immer Teil vom Ganzen. Jede Erfahrung und jeder Wert, der Dir vermittelt wird oder welchen Du bereits trägst, zeigt sich in anderer Gestalt. Masken der

Vielfalt nenne ich das, und dabei kommt es auch nicht darauf an, wer oder was Dir gegenübertritt. Wenn Du glaubst, nur weil Dir vielleicht ein jüngerer Mensch begegnet, dass er Dir nicht viel vermitteln kann, dann gehst Du vielleicht genau in diesem Moment an einer wichtigen Begegnung vorbei. Jeder hat etwas zu erzählen und trägt viele Weisheiten in sich. Dieser jüngere Mensch kann Dir in einer ganz anderen Zeit vielleicht als körperlich älterer Mensch begegnet sein, und da hat er Dir schon so viel zu erzählen gehabt. Vielleicht hast Du ihm da auch zugehört, weil es in dieser Zeit keine Bewertung gab. Wenn ich einem jüngeren Menschen begegne, der mir vielleicht nur stotternd erklären kann, was seine Eindrücke und Empfindungen sind, dann nutze ich die Gabe, tiefer zu schauen. Ich versuche nicht nur seinen Schmerz zu erkennen, sondern auch seine Botschaft. Ich habe in so vielen Menschen unterschiedlichen Alters so viele Dinge entdecken können, und immer waren es für mich reichhaltige Begegnungen.

Menschen, die jünger sind, tragen bereits genauso die Keime der neuen Zeit in sich. Auch sie können Werte vermitteln und Liebe geben. Sie können genauso ständiger Begleiter Deines Prozesses sein und ihr Beitrag ist ebenfalls enorm. Wenn ich diese Gegebenheit einem Alter zuordnen würde, dann müssten einige junge Menschen wesentlich älter sein, so erfahren, wie sie sich bereits geben. Diese Menschen bringen eben auch ihre Erfahrungen aus ihrem Leben vor und während ihrer Zeit mit ein. Das, was in ihren Genen schlummert und bereits schon Teil ihres höheren Selbst gewesen ist, bevor sie auf diese wunderbare Erde kamen, ist ebenfalls Anteil ihres Wissens. Erkenntnis ist ein Weg zur Heilung, und wenn man sich in Liebe und Vertrauen ergänzen kann, spielt das Alter doch überhaupt keine Rolle. Man erlebt das leider noch viel zu oft, dass Paare belächelt werden, deren Altersunterschied augenscheinlich sehr groß ist. Was in dieser Gesellschaft nicht der Norm entspricht, wird ausgegrenzt. Ich halte das wiederum für eine Aktivität des Egos in Form von Bewertung und Verurteilung. Jeder, ob jung oder alt, ist imstande, dem Anderen etwas zu geben. Es gibt keine Normen, es sei denn, man schafft sie. Nichts kann Dir mehr Kraft verleihen als das Gefühl, dass alles möglich ist.

Wir alle, ob jung oder alt, können den Unwissenden vergeben, weil wir ihren Zustand als Produkt des Systems erkennen. Es geht darum, stets geerdet zu bleiben und mit vielen Menschen in Kommunikation zu treten, die bereit sind, zu erwachen.

Gerade die jüngeren Menschen erleben diesen Aufbruch der Zeit besonders intensiv. Wenn Du also meinst, Dich meist mit Menschen umgeben zu müssen, von denen Du glaubst, dass sie erwachter sind, nur weil sie das Wissen ihrer längeren Lebenszeit in ihrem entsprechend längeren Zeitraum des Erlebens speichern konnten, dann entgehen Dir vielleicht ganz wichtige Begegnungen.

Ich sprach ja schon in diesem Buch darüber, wie unbedarft und natürlich Kinder sind, bevor man sie aus ihrer Welt heraus zwingt. Schon daran kannst Du sehen, dass Kinder auch Dir etwas vorleben, wozu Du vielleicht gar nicht mehr imstande bist. Demnach haben sie Dir so viel zu erzählen, obwohl es Kinder sind. In manchen Momenten geben Kinder auch sehr interessante Antworten, welche mit einem erstaunlich hohen Intellekt verbunden sind. Das kommt daher, weil sich Kinder noch frei und unbedarft fühlen und auch spüren, so im Fokus des Geschehens zu stehen. Diese Tatsache wird oftmals untermalt, weil ja die Eltern oft erstaunt und überrascht sind, was ihr Kind da zum Besten gibt. Nur, warum erstaunt das die Eltern? Warum belächeln sie diesen Umstand oder mahnen das Kind auch oftmals zu mehr Zurückhaltung? Kinder sind oft sehr wohl imstande, Inspirationen oder Denkmuster zu entwickeln wie ein Erwachsener. Natürlich wird das Kind es mit Kindlichkeit ausdrücken. Der Erwachsene hingegen wird, mittels seiner Erfahrung, vielleicht andere Worte wählen, aber ist das wirklich immer so? Vielleicht belächelst Du diese Tatsache noch ein wenig, weil Du Dir nicht sicher bist oder Kinder so vielleicht noch nicht erlebt hast. Wenn Du Kinder einmal ganz bewusst betrachtest und ihnen zuhörst, anstatt sie oft vielleicht nur als nervendes Objekt zu empfinden, dann wirst Du mehr sehen als bisher.

Du siehst also, dass das Alter völlig irrelevant ist, wenn es um das Leben selbst und um das Sein geht. Wir alle finden im Laufe des Lebens unsere Aufgabe oder unsere Bestimmung. In einem aber sind wir alle gleich, wir dürfen Sein. Dieses Sein ist die hohe Form von Leben. Kein Sein ohne Leben, kein wahrhaftiges Leben ohne Sein. Dieses Wort „Sein" beinhaltet einen Zustand, welcher nur ganz tief in Dir zu finden ist. Es geht nicht um das Sein in seiner Form der Existenz, sondern es geht um das Sein in der Form des Zustandes, in dem Du Dich befindest. Bist Du in der Lage, wirklich Du selbst zu sein, oder ist Dein Sein Bestandteil der mannigfaltigen Einflüsse, die auf Dich einwirken und dann Verstrickungen in Dir auslösen? Erkenne das erst einmal, damit Du die Trennungslinien zwischen den beiden Formen des Seins fühlen kannst. Sich den Faktoren zu entziehen, welche Deine Form verändert haben und welche Dich weit weggeführt haben von Deinem Sein, sollte nun Deine Aufgabe sein. Dazu hilft Dir der Satz, den ich schon einige Male in diesem Buch erwähnte. Wie viel von dem, was Du gerade tust oder besitzt oder erzählst oder Dir erzählen lässt, benötigst Du tatsächlich für Dein Leben!

Es ist ein sehr großer und weiser Satz, denn durch ihn kannst Du Deine ganzen Ansprüche, Deine ganzen Ansichten, Deine ganzen Lebens-umstände erfassen, welche Dich im Moment ausmachen. Du kannst Dir diese Frage selbst immer wieder stellen, egal, ob Du Dir etwas anschaffen möchtest oder ob Du bereits vorhandene Dinge noch einmal in das Licht der Notwendigkeit rückst. Du kannst und solltest Dich dieser Prüfung gerade am Anfang sehr oft unterziehen, damit Du nun unnötige Quälgeister aufspüren und Dich von ihnen verabschieden kannst. Denk nur einmal, wie viel leichter Du sein kannst, wenn Du Deinen Stausee schon mal von den Dingen befreien konntest, welche Du beim ersten Test bereits erkannt hast. Du kannst Dich eigentlich in jedem Moment, wo neue Entscheidungen oder Fragen Dein Denksystem überfordern, prüfen, ob Du dies wirklich für Dich benötigst. Selbst den Dingen aus den täglichen Abläufen, welche Dich teilweise plagen, kannst Du wieder mehr Aufmerksamkeit schenken und sie immer wieder in den Fokus des neuen Geschehens stellen. Du kannst das zu jeder Zeit tun, wann immer es Dir einfällt.

Nimm einmal die Zeit. Sie ist ein Faktor, welcher Dich bereits von den meisten Dingen hat abhängig werden lassen. Nimm einmal an, es gäbe keine Zeit mehr, nach der Du Dich ständig richtest, und nimm einmal an, dass genau für diesen Moment die Zeit keine so bedeutende Rolle mehr für Dich spielt. Was wird das für eine innere Befreiung sein, wenn

Du mit einem Mal spürst, dass ein wesentlicher Bestandteil von dem, was Dich bisher getrieben hat, nun plötzlich gar keine Rolle mehr für Dich spielt. Sicher wird es weiterhin Momente geben, in denen Du Zeitvorgaben einhalten musst. Das wird sein, wenn Du einen Flug planst oder eine Bahnreise vor Dir hast, und das wird nötig sein, um Dich letztlich auch kalendarisch zu orientieren. Das ist aber alles auch nur notwendig, weil Du exakte Zeitangaben einhalten musst. In der Antike wurde die Uhrzeit am Stand der Sonne erkannt. Sicher nicht auf die Minute genau, aber wer sagt, ob die Zeitangaben, nach welchen Du Deine Uhr stellst, auch die exakte Zeit nennen, welche dem Stand der Sonne entspricht. Dieser Zeitfaktor bestimmt Dein Leben so sehr, dass Du auch auf die Uhr schaust, wenn Du diese gar nicht benötigst. Ehrlich, überprüfe Dich selbst! Wie oft ertappst Du Dich nun dabei, die Uhrzeit in Erfahrung zu bringen, ohne dass ein wirklicher Grund dahinter steckt, und in wie vielen Momenten, wo Du meinst, eine Uhrzeit zu benötigen, brauchst Du diese Angabe tatsächlich? Es ist alles Gewohnheit und eine abstrakte Form des eigentlichen Ursprungs. Aus dem, was einmal erfunden wurde, um einige Daseinsstrukturen zu vereinfachen, sind längst mutierte Formen erwachsen, welche in Wahrheit niemand wirklich benötigt, es sei denn, er schwimmt in diesem System mit dem Strom und schläft noch immer dabei. Auch die Zeit ist, wie viele Dinge in diesem System, schon längst zur Suchtfalle geworden und verschafft den Menschen einzig das Gefühl der Abhängigkeit. Abhängigkeit jedoch ist einer der größten Feinde der Freiheit. Wie sehr Du Dich in den Fängen der Zeit wiederfindest, kannst Du daran erkennen, dass Dein Leben bereits in abhängig machenden Zeitfenstern stattfindet. Zeit ist auch einer der Gründe, warum Spontaneität immer mehr von der Bildfläche verschwindet. Zeit behindert so viele freiheitliche Strukturen und lähmt eine ganze Gesellschaft. Am interessantesten finde ich, dass Menschen, welche sich fast ausschließlich in zeitregierten Abläufen wiederfinden, ihre eigene Lebensuhr so weit weggelegt haben, dass sie gar nicht mehr imstande sind, ihren eigenen zeitlichen Verfall zu erkennen, welcher durch ihr zeitregiertes künstliches Denken noch rasanter vonstatten geht. Wie viel mehr Zeit wirst Du haben, wenn Du Dich von der Zeit verabschiedest?

Auch Du wirst schon Momente erlebt haben, in denen Du die Zeit einfach vergessen hast, und Du hast später erst gemerkt, wie einfach alles gewesen ist. Kein Druck, der dahinter steht, kein künstliches Machwerk von Verstrickungen, einfach nur frei sein.

Immer, wenn ich an einem Thema schreibe, betrachte ich das Geschehen genau, um so viele Eindrücke wie möglich aufzunehmen.

Das Thema Zeit und kindliche Ausgelassenheit ist mir in einem Moment sehr klar und präsent begegnet. Ich lag eines Tages am Strand und beobachtete ein anscheinend ziemlich glückliches Pärchen und folgte ihren Begegnungen. Ich sah zwei ausgelassene, sehr verliebt wirkende, sich völlig zeitlos bewegende Menschen, welche, anhand ihrer glänzenden Eheringe zu urteilen, ganz frisch verheiratet gewesen sein könnten. Aber das ist nur eine Vermutung. Ich schaute so in die Gegend und in die Gesichter der vielen anderen Menschen. Ich konnte förmlich sehen, wie diese von Zeit geplagten Geschöpfe sich nichts sehnlicher wünschten, als auch dieser Ausgelassenheit zu folgen. Sie fragten sich, wie kommt es, dass diese zwei Menschen gar nicht mehr voneinander lassen konnten. Ich beobachtete, wie diese Ausgelassenheit gepaart gewesen ist mit einem sehr ausgeprägten kindlichen Spieltrieb. Dann sah ich in den Menschen, die diese zwei beobachteten, wieder diese Sehnsucht. Es war für mich wie beim Tennisspiel. Ich schaute links, dann rechts und wieder links, dann wieder rechts. Viele schienen sich zu sagen, schau mal, wie verliebt die sind. Ich fühlte diese zwei Menschen wahrscheinlich um einiges intensiver, weil ich mir bewusst genug war zu fühlen, was dahinter stehen könnte. Deswegen versuchte ich nun, so bewusst es mir möglich war, diese Situation zu betrachten und meine Konzentration auf das Pärchen zu legen. Hatten diese zwei Menschen die Glücksformel entdeckt oder, wenn es sie schon gab, diese einfach nur revolutioniert? Waren sie wirklich so gedankenfrei, wie sie schienen? Vielleicht waren sie es nur für den Augenblick, in dem sie die Zeit vergaßen. Sollte ich mal hingehen und fragen, was ihr Rezept ist, oder weiß ich es längst? Was war denn der Auslöser meiner Neugier? Es waren eigentlich auch die Menschen ringsherum, für die ich versuchte, die Antwort zu finden. Vielleicht dachte ich, ich kann die wertvollen Informationen gleich an die fragenden Menschen transformieren.

Vielleicht steckten ja die zwei auch schon in einer Art Transformation und ließen längst Zeit und Raum hinter sich? Dass dies nicht so war, fühlte ich etwas später, ohne eine eindeutige Erklärung dafür zu bekommen. Ich fühlte es einfach. Ich dachte mir, gut, dass die zwei alles für den Moment hinter sich ließen, indem sie ausgelassen den Moment lebten, schien mir logisch, aber waren sie deshalb gleich erwacht? Ich glaube, dass diese zwei in diesem Moment sehr weit weg gewesen sind von ihrem Alltag. Dort, wo sie sich nun trafen, waren die Tiefen durch die Verliebtheit und das Umfeld in dieser einmaligen Kombination erloschen. Der Moment verstärkte also die Impulse und konnte sich entfalten, da keinerlei Zeitfaktor eine Rolle spielte. Das Gefühl der Freiheit ohne momentane Zwänge. Das laue, klare Meer. Die wärmende Sonne. Es passte einfach alles. Wenn die Menschen also wirklich fähig sind, so zu sein, dachte ich, dann brauchen doch die vielen Menschen sich nur noch die Dinge anzuschauen, welche sie daran hindern zu sein, oder? Im Prinzip schon, aber so einfach, wie das klingt, funktioniert es eben leider nicht, denn dafür stehen leider oft viel zu viele Abhängigkeiten im Weg. Sicher werden auch diese zwei ausgelassenen Menschen ihren Schmerzkörper haben, nur war dieser für den Moment wie weggeblasen. Irgendetwas war bei den beiden aber anders. Es war nicht nur die Verliebtheit. Sie wirkten wie zwei reife Früchte, welche kurz vor der Ernte standen, und es fehlte nur noch ein Erntehelfer, der ihnen sagte, dass diese Früchte in ihrer Reife erhalten bleiben können, wenn sie sich beide bewusster werden, dass ihr Handeln und Tun nicht nur Ergebnis der äußeren Umstände sind, sondern diese äußeren Umstände diese Eigenschaften, die in ihnen stecken, eben für diesen Moment sichtbar machten. Was an dieser Ausgelassenheit und dieser Zeitlosigkeit ganz klar zu erkennen gewesen ist, war mir erst etwas später aufgefallen. Er lebte für den Moment der Befreiung sehr stark seinen weiblichen Anteil und sie sehr stark ihren männlichen Anteil. Sie ließen es zu, ohne sich gegenseitig zu verletzten, aber sie testeten immer wieder ihre Grenzen aus und näherten sich einander mal vorsichtiger und mal rasanter, jedoch immer mit Respekt. An Bewusstheit war also genug da für diesen Moment, und genau diese Bewusstheit ist es, die für ein Erwachen notwendig ist. Da die zwei ihr kindliches Liebesspiel einfach lebten, ohne darüber nachzudenken, konnten sie den Moment derart genießen. Vielleicht haben sie dabei die wahre Tiefe, in der sie gerade stattfanden, gar nicht wirklich fühlen können. Eines aber war gewiss, sie lebten diesen Moment ohne Zeitdruck. Allein das intensive Betrachten dieser zwei Menschen war höchst meditativ. Es entspannte meine Seele, weil es so viel Interessantes zu sehen gab. Sich diesen Geschehnissen zuzuwenden und in ihnen einzutauchen trainiert Dein Bewusstsein. Du konzentrierst Dich voll auf die Sache, die Du im Moment gerade tust und wirst viel mehr entdecken als bisher. Dann werden Dir auch die Faktoren wie Zeit, Stress, Wut, Bewertung, Zweifel, Ängste, Kontrolle, Abhängigkeit, Unwohlsein, Sehnsucht, Gereiztheit, Verletzlichkeit und Egoismus ganz anders begegnen. Du wirst über diese Zustände neu nachdenken und in einigen von ihnen den Auslöser und in den Anderen wiederum den Zustand, der sich aus dem Auslöser ergibt, entdecken. All diese vorgenannten Eigenschaften benötigst Du überhaupt nicht in dieser sich so mutiert zeigenden Form. Wenn Du den Dingen wieder mehr Aufmerksamkeit schenkst und Dich nicht weiter in den gesellschaftlichen Strukturen verlierst, weil Du glaubst, Dich dort irgendwann wiederzufinden, dann wird es das System immer schwerer haben, sich zu erhalten. Denke immer daran, auch Du erhältst etwas am Leben, was Dir unzählige Momente an Leid beschert. Ein System, über das Du ständig richtest, weil Systemfehler Dich immer wieder zum Straucheln bringen. Nur bedenke, dass Du es selber bist, der sich zu Fall bringt. Mit jedem Moment, in dem Du das System beleidigst, beleidigst Du Dich selbst. Solange Du Dir nicht bewusst bist, dass Du diese mutierte Form des Systems mit seiner ganzen Künstlichkeit in dieser Fülle gar nicht benötigst, um zu leben, solange erkennst Du nicht den wahren Zustand.

Erkenne Notwendigkeiten und trenne diese von den vielen Annehmlichkeiten. Wenn Du auf keine der Annehmlichkeiten verzichten möchtest und weiterhin meinst, dieses System in dieser Form für Dein Leben zu benötigen, dann verliere Dich auch nicht in ständiger Kritik, denn diese Kritik richtest Du ebenfalls gegen Dich.

Wenn Du etwas bewegen möchtest und nun vielleicht schon fühlen kannst, dass es an der Zeit ist, an der neuen Erde mitzuformen, dann beginne noch heute Dein bisheriges Leben zu überdenken und zu verändern.

Vergiss die Zeit in der Form, in der sie sich Dir so präsentiert, denn sie hindert Dich am Sein! Liebe Dich selbst und Deinen Körper, denn dies ist Dein größtes Geschenk! Falls Dir Ängste begegnen, versuche mit ihnen zu jonglieren oder zu spielen! Wende Dich ihnen in der Tiefe zu! Gehe durch den Schmerz, denn nur so wirst Du wieder Freiheit in Dir erlangen! Es gibt ständig neue Schritte, ständig Entwicklung, und daraus ergibt sich, dass alles, was Du erlebt hast, alles, was Du erlebst und alles, was Du erleben wirst, Stück für Stück an Bedeutung gewinnt. Immer, wenn Du denkst, dass Du Dich wieder verlierst, ist ein noch größerer Gewinn bereits auf dem Weg. Höre auf, abzuspalten, was zusammengehört! Versuche, wieder zu integrieren und zusammenzuführen zu einer hellen Gestalt im Herzen! Sei Dir der Liebe bewusst, die Du in Dir trägst, und die Ruhe kommt von selbst! Gehe stets achtsam mit Dir und Deinem Leben um! Auch wenn es vielleicht manchmal im Leben noch für Dich so aussieht, als wären es Rückschläge, Du bewegst Dich ständig vorwärts.

Vielleicht hilft es Dir, wenn Du Dir vorstellst, dass das Erwachen wie ein Gang durch ein neues Tor sein kann. Vielleicht gelingt es Dir noch nicht, Dich durch das Tor zu bewegen, weil Du Dir noch nicht vorstellen kannst, wie es ist, sich dort fallen zu lassen. Vielleicht schreckst Du immer wieder hoch, bevor das Neue in Sichtweite kommt, weil Dir noch das Vertrauen fehlt. Einzig wichtig für Dich ist, dass Du jederzeit in der Lage bist, Dich fallen zu lassen und Vertrauen zu gewinnen. Es kann in jedem Moment geschehen. Du musst nicht mit Gewalt durch das Tor, es wird sich Dir öffnen, wenn die Zeit dafür gekommen ist. Vielleicht ist es ja auch schon längst offen und erwartet Dich. Frage Dich immer, was Dir schlimmstenfalls passieren kann, wenn Du noch nicht durch das Tor gehen kannst. Das Schlimmste ist, dass Du erst einmal weiterhin mit Deinen Höhen und Tiefen leben wirst, ohne zu erkennen, was dahinter steckt. Diese Erkenntnis wird aber kommen, da kannst Du ganz gewiss sein. Bis dahin könnte es ein Ziel sein, die Höhen zu genießen und die Tiefen zu akzeptieren. Je öfter Du das schaffst, je näher kommst Du Dir selbst. Die Tiefen, die Du erlebst sind nichts weiter als ein Mangel an Vertrauen. Du siehst also, alles hat immer irgendeinen Ursprung. Es wird nicht der erste Schritt für Dich sein, durch das Tor zu gelangen, sondern die Angst davor abzulegen, dass Du es musst. Diese Vorstellung mit dem Tor ist nur eine von vielen Visionen, welche Du selber hinter Deinen Prozess stellen kannst. Also mache Dir bewusst, dass Du die Dinge nur bewusster betrachten musst, und das zu jeder Zeit, wann immer es Dir möglich ist. Gehe an Deine Quelle und verweile dort, so oft Du kannst! Das ist bereits Meditation in höchst wirksamer Form. Es ist alles in Dir und es war auch immer dort. Mache Dich auf die Suche!

Über mich

Mein Name ist Mike-Peter Zeidler.

Geboren am 27.09.1964 in Berlin

Als Elektromeister hatte ich einen Teil meines Lebens viel mit Erdung zu tun. In der Fachsprache bezeichnet man die Erdungsleitung als Schutzleiter. Die Farben dieses Schutzleiters sind Grün-Gelb.

Während meiner Tätigkeit als Elektriker und Elektromeister habe ich mich oft gefragt, warum gerade die Farben Grün-Gelb für die Erdung stehen. Damals fand ich keinen Zusammenhang, wusste aber bereits, dass jede Farbe einer Funktion zugeordnet ist. Aus fachlicher Sicht beurteilt, war mir schon klar, dass eine einheitliche internationale

Farbgebung nicht nur sicherheitstechnische Fakten berücksichtigte. Nur alles, was erklärbar schien, war mir nicht genug, weil es ja nicht meine Erklärungen gewesen sind. Ich konnte diesen Bezug lange Zeit nicht wahrnehmen, sondern nur fühlen. Als ich mich Mitte der neunziger Jahre den Heilmethoden der Alternativmedizin öffnete, begann mein Weg der Erkenntnisse und ich erkannte Zusammenhänge. Ich fing an zu verstehen, dass es mehr gibt als das, was unser Verstand begreift. Es ist genau dieser Verstand, der nur das glaubt, was er sehen, hören, fühlen, schmecken oder tasten kann.

Die Farbe Gelb steht in der chinesischen Medizin für das Element Erde. Gelb wird im Körper auch dem zentralen Nervensystem zugeordnet. Grün steht für Wahrheitssuche, alle Aspekte berücksichtigen. Grün harmonisiert Körper und Seele. Die spirituelle Bedeutung ist Heilung, Erdbewusstsein, Gleichgewicht. Meine Lieblingsfarben bekamen nun auch den persönlichen Bezug zu mir.

Nun wusste ich, dass der Fluss von Energie durch ein Netz von Leitungen nur eine Kopie dessen ist, was in uns auf gleicher Basis funktioniert. Wir sind unser eigener Schwingungserzeuger und tragen unseren Motor in uns selbst. Wir fügen, je nach Grad unserer Öffnung, mit mehr oder weniger Bewusstheit andere Schwingungen in unsere Muster ein. Dies alles funktioniert auf für den Verstand unsichtbarer Ebene. Deshalb gehe ich seit dieser Zeit erst mit kleinen und dann mit großen Sprüngen immer mehr heraus aus dem Verstand und hinein in die Welt der Wahrnehmung. Dort existiert das, was wir sind und wozu wir sind. Es geht um das Sein.

In Meditationen finde ich meine Entspannung. Nicht immer ganz einfach als Feuerelement, aber auch hier hilft nur stetes: üben und dranbleiben. Ich habe die Fähigkeiten erworben, mit Hilfe von Reiki Energie zu übertragen und Chakren zu öffnen. Ich beschäftigte mich in den letzten Jahren mit hochfrequenten und niederfrequenten Strahlungen, energetisiertem und strukturiertem Wasser (Silberwasser,

Goldwasser). Auf Grund meiner Wahrnehmungsfähigkeit ist es mir möglich, die Dinge im Innen und Außen in der Tiefe zu betrachten und zu erkennen. Jedoch ist es eben nur möglich, in absoluter Stille diese Fähigkeiten zu erhellen, und dafür braucht es viel Übung.

Ich hielt bisher private Vorträge im Bekannten- und Freundeskreis. Das Interesse für die Psyche ist bereits seit meiner Jugend extrem stark ausgeprägt. Mit Veröffentlichung dieses Buches stelle ich mein Wissen und meine Fähigkeiten jedem zur Verfügung, der sich dafür öffnen möchte. Mein Ziel ist es, so unkompliziert und verständlich wie möglich all das zu vermitteln, was ich erfahren durfte.

Wenn Du mehr über das, was ich mache, wissen möchtest, besuche meine Internetseite, welche ich ständig aktualisiere: http://derinnerestausee.jimdo.com/

Die Wirkungsweise der Farbsymbole

Farben sind Frequenzen, Licht-Wellen und somit Schwingung (Quantenphysik). Unsere Zellen haben ebenfalls bestimmte Frequenzen. Sie gehen mit Farben und Formen in Resonanz, man spricht hier von der sogenannten Zellkommunikation. Kreise symbolisieren die Ur-Form, somit gleicht das Ursprung-Symbol disharmonische Schwingungsmuster aus; dadurch ist keine störende Wirkung auf das biologische System von Lebewesen mehr vorhanden. Bei Stress, auch emotionalem Stress, Anspannung oder Unruhe kann dieses Symbol uns helfen, wieder unsere Mitte zu finden. Durch die offene Farbenergie-Spirale kommt dynamische Bewegung in unser Energiefeld hinein. Alles fängt an zu fließen, zu schwingen - von grob bis fein. Die Ganzheit des Energiefeldes kann sich entfalten. Die Energie fließt offen durch alle Systeme. Das Spiral-Symbol kann sehr gut eingesetzt werden, um Energie-Blockaden zu lösen, eine energetische Reinigung durchzuführen (über der Spirale stehend - empfehlenswert mit geschlossenen Augen) und bei Energielosigkeit für Energiezufuhr zu sorgen. Dass Schwingungen unsere gesamte Zellstruktur verändern, wissen nicht erst Wissenschaftler der Neuzeit. Farben und Formen mit ihrer Wirkung auf Menschen, Tiere und Pflanzen zählen zu den großen Geheimnissen unserer Erde; dies wussten schon die Urvölker wie z.B. die Aborigines - Australiens Ureinwohner, die Indianer wie auch die Ägypter. Weitere Informationen zu diesen Symbolen finden Sie in meiner Homepage: http://derinnerestausee.jimdo.com/ oder direkt auf der Seite: www.origin-of-life.eu